Gesprächsführung in Psychotherapie und Beratung

Katrin Hötzel

Gesprächsführung in Psychotherapie und Beratung

Ein Übungsbuch mit Rollenspielen zur Vorbereitung auf die Approbationsprüfung

Katrin Hötzel
Klinische Psychologie & Psychotherapie
Ruhr-Universität Bochum
Bochum, Deutschland

ISBN 978-3-662-67465-9   ISBN 978-3-662-67466-6 (eBook)
https://doi.org/10.1007/978-3-662-67466-6

Die Deutsche Nationalbibliothek verzeichnet diese Publikation in der Deutschen Nationalbibliografie; detaillierte bibliografische Daten sind im Internet über http://dnb.d-nb.de abrufbar.

© Der/die Herausgeber bzw. der/die Autor(en), exklusiv lizenziert an Springer-Verlag GmbH, DE, ein Teil von Springer Nature 2023

Das Werk einschließlich aller seiner Teile ist urheberrechtlich geschützt. Jede Verwertung, die nicht ausdrücklich vom Urheberrechtsgesetz zugelassen ist, bedarf der vorherigen Zustimmung des Verlags. Das gilt insbesondere für Vervielfältigungen, Bearbeitungen, Übersetzungen, Mikroverfilmungen und die Einspeicherung und Verarbeitung in elektronischen Systemen.
Die Wiedergabe von allgemein beschreibenden Bezeichnungen, Marken, Unternehmensnamen etc. in diesem Werk bedeutet nicht, dass diese frei durch jedermann benutzt werden dürfen. Die Berechtigung zur Benutzung unterliegt, auch ohne gesonderten Hinweis hierzu, den Regeln des Markenrechts. Die Rechte des jeweiligen Zeicheninhabers sind zu beachten.
Der Verlag, die Autoren und die Herausgeber gehen davon aus, dass die Angaben und Informationen in diesem Werk zum Zeitpunkt der Veröffentlichung vollständig und korrekt sind. Weder der Verlag noch die Autoren oder die Herausgeber übernehmen, ausdrücklich oder implizit, Gewähr für den Inhalt des Werkes, etwaige Fehler oder Äußerungen. Der Verlag bleibt im Hinblick auf geografische Zuordnungen und Gebietsbezeichnungen in veröffentlichten Karten und Institutionsadressen neutral.

Covermotiv: © stock.adobe.com/WavebreakmediaMicro/ID 63578745
Covergestaltung: deblik, Berlin

Planung/Lektorat: Wiebke Würdemann
Springer ist ein Imprint der eingetragenen Gesellschaft Springer-Verlag GmbH, DE und ist ein Teil von Springer Nature.
Die Anschrift der Gesellschaft ist: Heidelberger Platz 3, 14197 Berlin, Germany

Inhaltsverzeichnis

1	**Einleitung**	1
2	**Ein Praxis-Buch für wen und wie ist es zu benutzen?**	3
	2.1 Allgemeine Hinweise	3
	2.2 Hinweise bezüglich der Staatsprüfung in Psychotherapie	6
3	**Allgemeine Grundlagen der Kommunikation und Gesprächsführung**	9
	3.1 Die notwendigen und hinreichenden Bedingungen nach Rogers	11
	3.2 Die Kommunikationsaxiome nach Watzlawick	14
	3.3 Die vier Seiten einer Nachricht nach Schulz von Thun	18
4	**Das Motivational Interviewing**	23
	4.1 Was ist das Motivational Interviewing?	23
	4.2 Menschenbild und Haltung des Therapeuten im Motivational Interviewing	24
	4.3 Prozesse im Motivational Interviewing	27
	4.4 Kernkompetenzen im Motivational Interviewing	28
	4.4.1 Offene Fragen (Asking *O*pen Questions)	28
	4.4.2 Würdigung (*A*ffirming)	31
	4.4.3 Reflexion (*R*eflecting)	32
	4.4.4 Resümee (*S*ummarizing)	38
	4.4.5 Informationen und Ratschläge geben	39
	4.5 Die Förderung von „Change Talk" im Motivational Interviewing	41
	4.5.1 „Change Talk" und „Sustain Talk"	41
	4.5.2 Vorbereitender und mobilisierender „Change Talk"	42
	4.5.3 „Change Talk" fördern	43
	4.5.4 „Confidence Talk" – eine spezielle Art von „Change Talk"	45
	4.5.5 Weitere Möglichkeiten, um „Change Talk" zu fördern	46
	4.5.6 Welche Seite ist der „Change Talk"?	46
	4.5.7 Übung: Förderung von „Change Talk" im Gespräch	50

4.6		Der Umgang mit Widerstand im Motivational Interviewing	51
	4.6.1	„Sustain Talk" und „Dissonanz"	51
	4.6.2	Der „Korrektur-Reflex"	52
	4.6.3	Umgang mit „Sustain Talk" und „Dissonanz"	55
	4.6.4	Übung: Umgang mit „Sustain Talk" und „Dissonanz" im Gespräch	59
5	**Übungen mit Aufgaben, Rolleninstruktionen und Reflexionsfragen**		**61**
	5.1	Übungen zu „Patientensicherheit"	62
		5.1.1 Fallbeispiel zu Suizidalität bei einem älteren Mann nach dem Tod der Ehefrau	63
		5.1.2 Fallbeispiel eines Jugendlichen, der sich den Umzug in eine Wohngruppe wünscht	66
		5.1.3 Fallbeispiel zu Untergewicht bei Essstörungen	69
	5.2	Übungen zu „Therapeutische Beziehungsgestaltung"	73
		5.2.1 Fallbeispiel zum Ärger über das Ausfallhonorar	74
		5.2.2 Fallbeispiel eines übergewichtigen jugendlichen Schulvermeiders	76
	5.3	Übungen zu „Diagnostik"	80
		5.3.1 Fallbeispiel eines Opfers von rechtsextremer Gewalt	81
		5.3.2 Fallbeispiel zu Trennungsängsten bei einem Kleinkind	83
	5.4	Übungen zu „Patienteninformation und Patientenaufklärung"	86
		5.4.1 Fallbeispiel einer depressiven Mutter	87
		5.4.2 Fallbeispiel zu Trennungsängsten bei einem Schulkind	90
		5.4.3 Fallbeispiel zu frühkindlichen Regulationsstörung	94
	5.5	Übungen zu „Leitlinienorientierte Behandlungsempfehlungen"	97
		5.5.1 Fallbeispiel eines Jugendlichen mit Cannabisgebrauch bei erhöhtem Psychose-Risiko	98
		5.5.2 Fallbeispiel zu einem Mann mit Zwangsstörungen	101
	5.6	Weitere Übungen zu Entscheidungsschwierigkeiten	105
		5.6.1 Fallbeispiel zum Umgang mit Wiegen bei Essstörungen	105
		5.6.2 Fallbeispiel eines Schülers mit Geschlechtsdysphorie	108
6	**Fallbeispiele**		**113**
	6.1	Fallbeispiel zu „Patientensicherheit"	113
		6.1.1 Möglicher Verlauf des Fallbeispiels zu Suizidalität bei einem älteren Mann nach dem Tod der Ehefrau	113
	6.2	Fallbeispiel zu „Therapeutische Beziehungsgestaltung"	117
		6.2.1 Möglicher Verlauf des Fallbeispiels zum Ärger über das Ausfallhonorar	117
	6.3	Fallbeispiel zu „Diagnostik"	119
		6.3.1 Möglicher Verlauf des Fallbeispiels eines Opfers von rechtsextremer Gewalt	119

6.4 Fallbeispiel zu „Patienteninformation und Patientenaufklärung" 122
    6.4.1 Möglicher Verlauf des Fallbeispiels einer depressiven Mutter 122
6.5 Fallbeispiel zu „Leitlinienorientierte Behandlungsempfehlungen"....... 125
    6.5.1 Möglicher Verlauf des Fallbeispiels eines Jugendlichen mit Cannabisgebrauch bei erhöhtem Psychose-Risiko 125
6.6 Fallbeispiel zu einer weiteren Situation........................... 129
    6.6.1 Möglicher Verlauf des Fallbeispiels zum Umgang mit Wiegen bei Essstörungen 129

Anhang: Beispiel-Lösungen zu den Übungen............................ 135

Literatur.. 141

Einleitung

Kein Ansatz, der sich auf Wissen, auf Training, auf die Annahme irgendeiner Lehre verlässt, kann auf Dauer von Nutzen sein. Haltung ist entscheidend, nicht Worte. (Carl Ransom Rogers).

Es mag etwas paradox erscheinen, ein Praxis-Buch mit Übungen zur Gesprächsführung damit zu beginnen, dass es „kein[en] Ansatz [gibt], der sich auf Wissen, auf Training, auf die Annahme irgendeiner Lehre verlässt", welcher „auf Dauer von Nutzen sein" könnte. Aber da es meiner Ansicht nach bei allem technisch Erlernbaren zur Gesprächsführung von so großer Bedeutung ist, möchte ich es direkt am Anfang in Anlehnung an viele andere Autoren[1] hervorheben: Ohne die entsprechende therapeutische oder beraterische Haltung ist die beste Gesprächsführungs-Technik wertlos. Wenn unser Gegenüber den Eindruck hat, dass man es nicht gut mit ihm meint, nützen professionelle und perfekt erlernte Techniken nicht viel. Andersherum können gewiss so manche technische „Schönheitsfehler" verziehen werden, wenn die grundsätzliche Haltung als Basis stimmt.

Insofern stellt die von Rogers angesprochene Haltung die Grundlage für alles weitere, in diesem Buch Beschriebene dar. Was darauf aufgebaut werden soll, kann durch die hier beschriebenen Übungen trainiert werden.

---

[1] Für eine bessere Lesbarkeit verwenden wir in der Regel das generische Maskulinum. Mit dieser Formulierung sind gleichermaßen alle Geschlechter (m/w/d) gemeint. Die verkürzte Sprachform beinhaltet keine Wertung. Wenn möglich, wurde eine geschlechtsneutrale Formulierung gewählt.

© Der/die Autor(en), exklusiv lizenziert an Springer-Verlag GmbH, DE, ein Teil von Springer Nature 2023
K. Hötzel, *Gesprächsführung in Psychotherapie und Beratung*,
https://doi.org/10.1007/978-3-662-67466-6_1

Aber die Entwicklungsrichtung ist sicherlich nicht nur einseitig zu sehen: Sie kann nicht nur „top down" laufen, also dass eine hilfreiche therapeutische oder beraterische Haltung von Natur aus gegeben vorliegt. Sondern sie lässt sich freilich auch „bottom up" ausbilden, indem in Übungen ein Gefühl für die Haltung „heranreift". Insofern steckt nichtsdestotrotz Hoffnung im Üben – und damit auch in diesem Buch.

Insofern wünsche ich Ihnen viel Erfolg dabei! Und hoffentlich auch ein bisschen Freude!

Ein Praxis-Buch für wen und wie ist es zu benutzen? 2

Professionelle Gesprächsführung braucht es in vielen Kontexten. Das vorliegende Buch konzentriert sich insbesondere auf die Bereiche Beratung und Psychotherapie. Natürlich gibt es darüber hinaus weitere Bereiche, für die Sie es nutzen können.

Vielleicht möchten Sie dieses Buch ganz allgemein nutzen, um Ihre **Fähigkeiten in Gesprächsführung zu vertiefen** und in der Praxis zu trainieren. Dies ist vielleicht dann der Fall, wenn Sie im therapeutischen oder Beratungskontext tätig sind oder diesen Bereich neu für sich erschließen möchten.

Vielleicht nutzen Sie das Buch auch in **Vorbereitung auf die Staatsprüfung in Psychotherapie** (§ 10 PsychThG) im Masterstudium Psychotherapie. Insbesondere für die praktisch orientierte Parcoursprüfung stellt eine gute Gesprächsführung die Basis für einen erfolgreichen Abschluss dar.

2.1 Allgemeine Hinweise

Sie bekommen im vorliegenden Buch zunächst einen – durch viele Übungen unterstützten – **theoretischen Input** (Kap. 3; 4). Dieser soll dann vertiefend in komplexeren Übungen auf **konkrete Fallvignetten** angewandt werden (Kap. 5). Die Fallvignetten beinhalten immer

1. eine Fallbeschreibung,
2. eine Aufgabenstellung für den Therapeuten[1] bzw. Berater,

---

[1] Für eine bessere Lesbarkeit verwenden wir in der Regel die Bezeichnungen „Therapeut" und „Patient". Mit diesen Formulierungen sind gleichermaßen alle weiteren Personengruppen und

3. Hintergrundinformationen für die Person, die den Patienten bzw. Klienten spielt, und
4. Reflexionsfragen zur Beurteilung des Rollenspiels nach der Durchführung.

Abschließend wird der **mögliche Verlauf einiger Fallbeispiele** modellhaft skizziert (Kap. 6).

Zunächst ein paar allgemeine Hinweise, egal ob Sie dieses Buch zum allgemeinen Trainieren Ihrer therapeutischen oder beraterischen Gesprächsführungs-Kompetenzen oder zur Vorbereitung auf die Staatsprüfung Psychotherapie nutzen.

1. Übungen mindestens zu zweit im Rollenspiel durchführen
Sie können die praktischen Übungen nur zu (mindestens) zweit im Rollenspiel durchführen, da eine Person die Patientenrolle einnehmen muss, damit die andere in der Therapeutenrolle üben kann. Falls Sie mehrere Personen sind, kann zusätzlich die Rolle des Beobachters besetzt werden, welcher sich insbesondere auf die Umsetzung und Bewertung des Rollenspiels konzentriert. Im Zweier-Setting sollte die Beobachter-Rolle *im Nachgang* durch den Therapeuten bzw. Patienten eingenommen werden, um eine Reflexion und dadurch auch eine Weiterentwicklung der Kompetenzen anzuregen.

Die Übungen lassen sich übrigens – wenn ein Treffen in Präsenz zu aufwendig sein sollte – auch sehr gut per Videokonferenz im Online-Format realisieren.

2. Beim ersten Durchlauf nur den Teil für die jeweils relevante Rolle lesen
Damit Sie möglichst „echt" in die Rollenspiele gehen können, sollten Sie sich als Therapeut jeweils nur den Teil der Fallvignette durchlesen, der für Sie relevant ist. Der Abschnitt mit den Informationen zu der Person, welche die jeweilige Patienten-Rolle spielt, gehört *nicht* dazu (dies ist jeweils der letzte Abschnitt in der Fallvignette). Dort befinden sich teilweise Informationen, die im Rahmen der Aufgabenstellung exploriert werden sollen bzw. mit denen spontan umgegangen werden muss. Wenn dieser von beiden Rollenspielern gelesen wird, nehmen Sie sich – zumindest bei der ersten Durchführung – die Chance, Sicherheit im spontanen Reagieren zu erlangen.

3. Schauspielerisches Talent nutzen
Die Darstellung des Patienten verlangt eine gewisse Identifikation mit der Rolle ab. Die nicht gegebene Tiefgründigkeit, weil die Situationen inszeniert sind, muss ein stückweit durch schauspielerisches Talent kompensiert werden. Einen groben Rahmen an zugehörigen Informationen deckt die Fallbeschreibung ab bzw. bieten die Hintergrundinformationen für die jeweilige Person, die den Patienten spielt. Hierdurch wird allerdings nicht jeder, sich potenziell ergebende Verlauf des Rollenspiels abgedeckt.

Bezeichnungen gemeint, z. B. „Berater" und „Klient" oder ähnliches. Die Reduzierung auf eine Begrifflichkeit beinhaltet keine Wertung.

Insofern müssen Anteile hinzuerfunden werden, um eine möglichst echte Übungssituation zu inszenieren.

4. Nicht zu schwer machen
Für die Patientenrolle gilt darüber hinaus: Machen Sie es grundsätzlich nicht zu schwer für die Übungssituation! Echte Fälle sind häufig einfacher als inszenierte Schauspielsituationen, in welchen alle erdenklichen Schwierigkeiten zusammengefasst in einem Patienten dargestellt werden. Außerdem haben echte Patienten in der Regel ein Anliegen für ihr Erscheinen und damit auch eine gewisse Motivation, sich auf den Prozess einzulassen. Der Anlass kann zwar auch fremdmotiviert sein, aber selbst dann gibt es in der Regel einen Ansatzpunkt, nämlich z. B. der Wunsch nach weniger Konflikten mit der Person, von der die Terminvereinbarung ausgeht. Das Hauptziel des Patienten ist es in der Regel NICHT, den Therapeuten in der Sitzung „auszuheblen".

5. „Echtes" Therapeutenverhalten zeigen
Das Ziel besteht darin, eine möglichst authentische Situation zu simulieren. Insofern sollte ein möglichst normales Gespräch entstehen, bei welchem therapeutische Grundprinzipien wie z. B. die Abklärung von akuter Eigen- oder Fremdgefährdung etc. bei entsprechenden Hinweisen zum Tragen kommen. Für Authentizität ist außerdem wichtig, sich sprachlich an das Kenntnisniveau der Patienten anzupassen, also z. B. weniger psychotherapeutische Fachbegriffe und mehr alltagsnahe Sprache zu nutzen. Ansonsten sollte das Verständnis von Fachbegriffen überprüft und ggf. Erläuterungen hinzugezogen werden. Näheres für das Vorgehen sollte sich aus der Aufgabenstellung oder dem Verlauf mit der schauspielenden Person ergeben. Gestik und Mimik des Schauspielers sind ebenfalls – wie bei echten Patienten auch – zu berücksichtigen.

6. Fokus liegt auf dem „Wie" gesprochen wird anstatt auf dem „Was"
In den Fallvignetten werden inhaltlich Themen angesprochen, die über die reine Gesprächsführung hinausgehen. In dem vorliegenden Buch geht es vor allem um das „Wie" der Umsetzung, also wie Informationen exploriert oder gegeben werden, wie mit Ambivalenzen bzw. Gefühlen im Gespräch umgegangen wird etc. Das „Was", also die als „Mittel zum Zweck" genutzten Inhalte wie z. B. Risikofaktoren für Suizidalität, rechtliche Aspekte von Kindeswohlgefährdung, Umgang mit Untergewicht bei Essstörungen oder Vorgehensweisen in einem speziellen Richtlinienverfahren, ist *nicht* Teil dieses Buches und würde den hier gegebenen Rahmen auch sprengen. Notwendige Infos müssen ggf. aus anderen Quellen hinzugezogen werden.

7. Kein Anspruch auf Vollständigkeit
Das vorliegende Buch erhebt keinen Anspruch auf Vollständigkeit hinsichtlich der Abdeckung aller Möglichkeiten der Gesprächsführung. Es können natürlich auch andere als die im Buch vorgeschlagenen Interventionen im Rahmen der Rollenspiele in Kap. 5 genutzt werden. Jedoch wird durch die maßgebliche Orientierung am Motivational

Interviewing (Miller & Rollnick, 2015; Kap. 4) ein strukturierter Rahmen vorgegeben, der die Orientierung beim Üben erleichtert. Gleichzeitig vereint das Motivational Interviewing viele Qualitäten, die sich besonders gut für die hier angedachten Zwecke eignen.

8. Übung macht den Meister
Grundsätzlich sollten die Rollen rotieren, damit jeder ans Üben kommt. Dafür kann dieselbe Fallvignette mehrfach genutzt werden. Beispielsweise kann die schauspielende Person die Schwierigkeit zunehmend erhöhen, indem sie sich z. B. weniger gesprächig, motiviert oder freundlich zeigt. Von der Therapeutenseite aus gesehen können Sie außerdem die ins Visier genommenen Aufgaben vom Komplexitätsgrad steigern, sich z. B. zunächst auf nur einen Teil der Aufgabe konzentrieren und später auf mehrere gleichzeitig. Die Aufgabenstellungen unter Abschn. 5 beinhalten teilweise Substanz für deutlich mehr als eine Übung im zeitlichen Format der Approbationsprüfung. Konzentrieren Sie sich in solchen Fällen am besten zunächst auf einen Teil der Aufgabe und legen Sie den Fokus in weiteren Durchführungen auf einen anderen Teilaspekt! Sollte es sehr schwerfallen, die Rollenspiele an einem Stück durchzuführen, können auch immer wieder Pausen zur Beratung über die nächsten Schritte eingeschoben werden. Darüber hinaus sind die Reflexionsfragen als Hilfe zur Qualitätssteigerung gedacht. Wenn die Evaluation beispielsweise für einen dort aufgeführten Bereich schlecht ausfallen sollte, können Sie sich in einer Wiederholung besonders auf den relevanten Aspekt konzentrieren. Zusätzlich können Sie bei Bedarf mit Videofeedback arbeiten und auf der Basis die zugehörigen Reflexionsfragen beantworten.

2.2 Hinweise bezüglich der Staatsprüfung in Psychotherapie

Die zur Approbation führende Staatsprüfung in Psychotherapie besteht aus zwei Teilen:

1. Mündlich-praktische Fallprüfung
2. Anwendungsorientierte Parcoursprüfung (aoPP) mit fünf Kompetenzbereichen

Für Letztere kann das vorliegende Buch zur Vorbereitung genutzt werden. Die Übungen und Praxisbeispiele sind angelehnt an die aoPP. Deshalb ein paar Worte zu der Prüfung:
   Die staatliche Prüfung soll *altersgruppenbreit* (also sowohl für das Kinder- und Jugendalter als auch für das Erwachsenenalter) und *verfahrensübergreifend* (also gleichermaßen für die Richtlinienverfahren Analytische Psychotherapie, Tiefenpsychologisch fundierte Psychotherapie, Verhaltenstherapie und Systemische Therapie) sein. Sie soll „der Feststellung der für eine Tätigkeit in der Psychotherapie erforderlichen Handlungskompetenzen" dienen (§ 10 Abs. 1 PsychThG). Deshalb wurde mit der aoPP ein praxisorientiertes Prüfungsformat gewählt, welches an das Medizinstudium angelehnt ist. In der sogenannten „Objective Structured Clinical Examination" (OSCE)-Prüfung sollen mithilfe von u. a. Simulationspersonen möglichst realitätsnahe beruf-

liche Situationen simuliert werden, innerhalb derer die klinische Kompetenz anhand von standardisierten Bewertungsbögen geprüft wird. Insofern stehen insbesondere praktische Fertigkeiten wie das Führen eines diagnostischen Gesprächs im Mittelpunkt.

Die aoPP besteht aus einem Parcours von insgesamt *fünf Stationen*, denen jeweils ein Kompetenzbereich als Prüfungsgegenstand zugeordnet ist. Sie sind nicht alle völlig klar voneinander abzugrenzen und können inhaltliche Überschneidungen aufweisen. Diese Stationen bzw. Kompetenzbereiche sind die folgenden:

1. **Patientensicherheit:** „In diesem Kompetenzbereich hat die Prüfungskandidatin oder der Prüfungskandidat zu zeigen, dass sie oder er zu einer umfassenden Risikoeinschätzung in der Lage ist" (§ 48 Abs. 2 PsychThApprO). Dazu gehört die Einschätzung von Suizidalität oder sonstiger Selbstgefährdung, außerdem die Einschätzung von anderen Risikofaktoren für einen ungünstigen weiteren Verlauf, die ggf. eine (sofortige) Änderung des Behandlungsplans zur Folge hätten (BR-Drucks. 670/19).
2. **Therapeutische Beziehungsgestaltung:** „In diesem Kompetenzbereich hat die Prüfungskandidatin oder der Prüfungskandidat zu zeigen, dass sie oder er Probleme in der therapeutischen Beziehungsgestaltung erkennt und diesen Problemen in geeigneter Form begegnet" (§ 48, Abs. 3 PsychThApprO). Weil die therapeutische Beziehung im psychotherapeutischen Kontext für den Behandlungserfolg von zentraler Bedeutung ist – Störungen diesbezüglich z. B. Therapieabbrüche und mangelnden Therapiefortschritt vorhersagen – zählt es zur Grundkompetenz von Psychotherapeutinnen und Psychotherapeuten, Probleme in der Hinsicht zu erkennen und intervenieren zu können (BR-Drucks. 670/19).
3. **Diagnostik:** „In diesem Kompetenzbereich hat die Prüfungskandidatin oder der Prüfungskandidat zu zeigen, dass sie oder er eine zutreffende psychotherapeutische Diagnose stellt" (§ 48 Abs. 4 PsychThApprO). „Eine korrekte Diagnostik der psychotherapeutischen Störung mit Krankheitswert entscheidet die Frage des Behandlungsbedarfs. Sie hat zugleich Auswirkungen auf die Auswahl des Behandlungssettings und die Einschätzung des Behandlungserfolgs" (BR-Drucks. 670/19, S. 83).
4. **Patienteninformation und Patientenaufklärung:** „In diesem Kompetenzbereich hat die Prüfungskandidatin oder der Prüfungskandidat zu zeigen, dass sie oder er durch angemessene Patienteninformation zu einer selbstbestimmten Patientenentscheidung beiträgt" (§ 48 Abs. 5 PsychThApprO). Wie es insbesondere im Patientenrechtegesetz vorgesehen ist, soll die Position der mündigen Patientin bzw. des mündigen Patienten gestärkt werden (BR-Drucks. 670/19).
5. **Leitlinienorientierte Behandlungsempfehlungen:** „In diesem Kompetenzbereich hat die Prüfungskandidatin oder der Prüfungskandidat zu zeigen, dass sie oder er die Patientinnen und Patienten angemessen und diagnosebezogen über empfohlene Behandlungsmöglichkeiten informiert und auch solche Behandlungsmöglichkeiten einbezieht, die außerhalb des eigenen Spezialisierungsbereichs liegen" (§ 48 Abs. 6 PsychThApprO).

An allen Stationen werden speziell auf die jeweilige Aufgabe vorbereitete Schauspieler bzw. Simulationspersonen (SP) eingesetzt, welche die benötigten Patienten spielen. Außerdem befinden sich an jeder Station zwei Prüfer, welche die erbrachten Leistungen anhand eines strukturierten Bewertungsbogens beurteilen.

An jeder Station des Parcours beträgt die Prüfzeit 20 Minuten inklusive des Lesens der Situationsbeschreibung (Fallvignette) und Aufgabenstellung. Die für die Fallvignette benötigte Lesedauer sollte möglichst fünf Minuten nicht überschreiten, bevor dann für ca. weitere 15 Minuten die Interaktion mit der SP stattfindet. Für den Wechsel zwischen den Stationen sind außerdem jeweils weitere fünf Minuten eingeplant.

Der Prüfungsinhalt wird an jeder Station durch die Fallvignette und die Aufgabenstellung festgelegt. Das Aufgabenblatt liegt während der gesamten Prüfzeit vor, sodass auf die darin enthaltenen Informationen jederzeit zurückgegriffen werden kann. Es sollten alle in der Aufgabenstellung genannten Aspekte umgesetzt werden. Zur Standardisierung dient ein Einleitungssatz (sogenannter Opener), der zu Beginn der Interaktion mit der SP möglichst wortwörtlich vorgelesen werden soll.

Mit der Erstellung der Prüfungsaufgaben für die aoPP ist das Institut für medizinische und pharmazeutische Prüfungsfragen (IMPP) als gemeinsame Einrichtung der Länder gem. § 49 PsychThApprO beauftragt worden. Die hier vorliegenden Fallbeispiele sind an das relevante Format angelehnt.

Weitere Hinweise können dem Dokument „Praktische Hinweise zur Durchführung der anwendungsorientierten Parcoursprüfung nach PsychThG und PsychThApprO" (1. Auflage) vom IMPP (Juli 2022) entnommen werden.

Das erfolgreiche Passieren jeder Station des Parcours hängt zu einem nicht unerheblichen Teil von der Art der Gesprächsführung ab. Die Gesprächsführung stellt die Basiskompetenz zur Absolvierung aller in der aoPP geforderten Aufgaben dar. Eine solide trainierte Vorgehensweise (also das „Wie" mache ich das eigentlich am besten?) macht jegliche darüberhinausgehende Anforderung (also das „Was" muss z. B. vermittelt werden?) einfacher umsetzbar. So kam u. a. die Idee zu diesem Buch auf.

Allgemeine Grundlagen der Kommunikation und Gesprächsführung

Zwischenmenschliche Kommunikation bzw. Gesprächsführung ist eine vielschichtige Angelegenheit. Daher können sich Schwierigkeiten auf unterschiedlichen Ebenen ergeben. Es gibt diverse Modelle und Ansätze, die sich mit der Beschreibung und Lösung dieser Probleme beschäftigen. Unten soll auf einen Auszug dieser eingegangen werden.

Die zunächst folgende Übung kann einen kleinen, erlebbaren Einblick in die Vielschichtigkeit des Themas geben.

> **Einführende Übung: Kommunikations-Experiment**
> **Form:** Zweiergruppe.
> **Material:** Zwei Bilder, möglichst handlich (z. B. eine Postkarte, aus einem Buch oder einer Zeitschrift); verdeckt für den jeweils anderen.
> **Zeit:** Ca. 15 min.
> **Ablauf:**
>
> - Nehmen Sie das von Ihnen ausgewählte Bild, ohne es Ihrem Gegenüber zu zeigen!
> - Das Bild soll nun so genau wie möglich beschrieben werden, damit der Partner in seinem Kopf ein möglichst identisches Abbild entwickeln kann.
> - Wenn der Partner meint, alles verstanden zu haben, darf das Bild gezeigt werden, um es mit der Vorstellung zu vergleichen.
> - Tauschen Sie danach für einen zweiten Durchlauf, damit jeder einmal die Rolle des „Senders" und einmal die Rolle des „Empfängers" einnimmt!

> **Reflexionsfragen:**
>
> - An welchen Stellen stimmte Ihre Vorstellung des Bildes gut mit dem tatsächlichen Bild überein?
> - Woran lag dies Ihrer Ansicht nach?
> - An welchen Stellen stimmte Ihre Vorstellung des Bildes nicht gut mit dem tatsächlichen Bild überein bzw. wo gab es Missverständnisse?
> - Woran lag dies Ihrer Ansicht nach?

Bei der oben beschriebenen Übung werden häufig insbesondere die folgenden Punkte deutlich:

- Sprachliche Begriffe sind nicht eindeutig.
- Der gleiche Sachverhalt kann von der Sender-Seite sehr unterschiedlich ausgedrückt werden.
- Eine Vielzahl von expliziten (z. B. geäußerte Worte) und impliziten (z. B. Tonfall) Informationen des Senders hat einen Einfluss auf die Interpretation einer Aussage auf der Empfänger-Seite.
- Die unterschiedlichen Erfahrungen, die Menschen mit bestimmten Begrifflichkeiten verbinden, führen zu unterschiedlichen Bedeutungen für die individuelle Person.
- Je abstrakter die Begriffe sind, desto schwieriger ist die Übereinstimmung bzw. desto wahrscheinlicher wird ein Missverständnis.
- Denotation (= inhaltliche Bedeutung) und Konnotation (= gefühlsmäßige Anmutung) können sich interindividuell stark unterscheiden.
- Vermeintlich für selbstverständlich angenommene Informationen werden nicht weiter berücksichtigt bzw. hinterfragt („Plausibilitäts-Falle").

In kommunikationstheoretischen Modellen (z. B. von Shannon & Weaver Ende der 1940er Jahre) spricht man grundsätzlich von Störungen, die sich u. a. beim *Kodieren* auf Sender-Seite bzw. beim *Enkodieren* auf Empfänger-Seite ergeben können.

Wahrnehmung ist demnach subjektiv, das heißt sie ist abhängig von der Person, die etwas wahrnimmt. Wenn zwei Menschen etwas gemeinsam erleben, nehmen sie es mit sehr hoher Wahrscheinlichkeit unterschiedlich wahr.

Wahrnehmung ist außerdem sehr selektiv. Das heißt, dass jeder Mensch aus der Menge der Reize, die ihn umgeben, diejenigen herausgreift, die für ihn persönlich relevant sind. Einzelne Wahrnehmungen werden also stärker, andere weniger stark wahrgenommen oder ganz ausgeblendet.

Insofern konstruiert jeder Mensch seine eigene Wahrheit, die seine jeweilige subjektive Sicht der Wirklichkeit ist. Aus diesem Grund kann es leicht zu Missverständnissen in der zwischenmenschlichen Kommunikation kommen. Für eine gute Gesprächsführung sollten wir bestmöglich versuchen, diesen Aspekt zu berücksichtigen.

In den folgenden Kapiteln werden auf den Beratungs- bzw. Therapiekontext zugeschnittene Erklärungsansätze für Probleme in der Gesprächsführung dargestellt. Außerdem beinhalten die folgenden Seiten Lösungsansätze für derartige Herausforderungen.

3.1 Die notwendigen und hinreichenden Bedingungen nach Rogers

„Das seltsame Paradoxon ist, dass, wenn ich mich so akzeptiere wie ich bin, ich die Möglichkeit erlange, mich zu verändern." (Carl Ransom Rogers).

Der amerikanische Psychologe und Psychotherapeut Carl Ransom Rogers (1902–1987) hat die therapeutische Gesprächsführung geprägt wie wohl kaum ein anderer. Auf ihn geht die nondirektive, klientenzentrierte Gesprächspsychotherapie zurück, in welcher die Ursprünge vieler im Buch aufgeführter Ansätze begründet sind. Er war ein Vertreter der humanistischen Psychologie, betonte die Einzigartigkeit des Individuums und legte besonderen Wert auf echte (im Sinne von Echtheit; siehe unten), menschliche Begegnungen.

Der psychische Idealzustand, den eine Person nach Rogers (1963) erreichen kann, ist die „fully functioning person" – ein quasi nicht zu erreichender Zustand, den er aber als hilfreich für weitere Überlegungen hält. Eine solche, psychisch völlig gesunde Person…

- …ist offen ist für ihre (emotionalen) Erfahrungen, ohne diese abzuwehren, und hat keine Angst vor ihren Gefühlen.
- …lebt – weil sie nicht ständig mit Abwehr beschäftigt ist – in der Gegenwart und ist sowohl Teilnehmer als auch Beobachter der ablaufenden Prozesse, ohne sie kontrollieren zu müssen.
- …vertraut ihren organismischen Bewertungen und lässt sich von diesem Bewertungsprozess leiten, im unerschütterlichen Glauben daran, dass es so zur bestmöglichen Bedürfnisbefriedigung kommen wird.

So kann sie ihr Potenzial voll ausschöpfen und Selbsterfahrungen angemessen symbolisieren. Vereinfacht könnte man sagen, dass eine solche Person im völligen Einklang mit sich und ihrer Umwelt lebt.

Das Erreichen eines solchen Zustandes ist unrealistisch, aber der Therapeut kann dazu beitragen, dass ein Patient sich in diese Richtung bewegt. Laut Rogers' Theorie von Therapie und Persönlichkeitsveränderung müssen dafür bestimmte Bedingungen (= unabhängige Variablen) erfüllt sein, damit ein Veränderungsprozess (= abhängige Variable) beim Patienten in Gang kommt. Rogers selbst nutzt übrigens nicht den Begriff des Patienten, sondern spricht grundsätzlich vom Klienten. Damit der Prozess überhaupt beginnen kann, müssen sich zwei Personen zunächst im Kontakt befinden. Die folgenden drei Grundvoraussetzungen für die Person des Therapeuten hält Rogers für „notwendig" und „hinreichend". Damit meint er, dass der therapeutische Prozess nach seiner Annahme niemals ohne diese Bedingungen in Gang kommt (= notwendig), er jedoch häufig auch ausschließlich unter diesen minimalen Voraussetzungen beginnt (= hinreichend).

Empathie

Empathie kann man als die Bereitschaft und Fähigkeit zum einfühlenden Verständnis in die Situation einer anderen Person, kurz gesagt als Einfühlungsvermögen, bezeichnen Empathisch zu sein bedeutet für Rogers, „den inneren Bezugsrahmen des anderen möglichst exakt wahrzunehmen, mit all seinen emotionalen Komponenten und Bedeutungen, gerade so, als ob man die andere Person wäre, jedoch ohne jemals die „als ob"-Position aufzugeben." (Rogers, 2020, S. 44; ursprünglich Rogers, 1963) Das meint beispielsweise, Trauer oder Freude so zu empfinden, wie es die andere Person empfindet, und auch die Ursachen dafür so wahrzunehmen, wie es der andere wahrnimmt. Empathie ist laut Rogers abzugrenzen von Identifikation. Dieser Begriff beschreibt einen Zustand, bei dem die „als ob"-Position aufgegeben wird und somit keine Unterscheidung zwischen dem Gegenüber und der anderen Person mehr vorgenommen wird.

Der Therapeut sollte demnach den inneren Bezugsrahmen des Patienten empathisch erfahren und diese Wahrnehmung auch adäquat gegenüber dem Patienten ausdrücken können. Das empathische Verstehen sollte so ausgeprägt sein, dass der Patient es zumindest in Ansätzen wahrnehmen kann.

Bedingungslose Wertschätzung

Bedingungslose Wertschätzung „bedeutet, eine Person zu schätzen, ungeachtet der verschiedenen Bewertungen, die man selbst ihren verschiedenen Verhaltensweisen gegenüber hat" (Rogers, 2020, S. 41; ursprünglich Rogers, 1963). Rogers vergleicht das Konstrukt mit der Wertschätzung, die Eltern für ihr Kind haben: Auch, wenn sie nicht jedes kindliche Verhalten gutheißen, schätzen sie ihr Kind. Der Begriff der Anerkennung und Akzeptanz steht für Rogers damit im engen Zusammenhang.

Der Therapeut sollte dementsprechend bedingungslose Wertschätzung gegenüber seinem Patienten empfinden. Auch hier gilt, dass dies zumindest so ausgeprägt sein sollte, dass der Patient es ansatzweise wahrnimmt.

Kongruenz oder Echtheit

Mit Kongruenz ist ursprünglich die Übereinstimmung zwischen der Struktur des Selbst einer Person einerseits und ihren Erfahrungen anderseits gemeint. Rogers schreibt dazu: „Wenn also Selbsterfahrungen exakt symbolisiert erlebt und in dieser exakt symbolisierten Form in das Selbstkonzept intergiert werden, dann ist der Zustand der Kongruenz zwischen Selbst und Erfahrung erreicht" (Rogers, 2020, S. 38; ursprünglich Rogers, 1963). Letztlich ist damit die Übereinstimmung des inneren Erlebens, des Bewusstseins darüber und des gezeigten Verhaltens gemeint.

3.1 Die notwendigen und hinreichenden Bedingungen nach Rogers

Für den Therapeuten ist es laut Rogers von großer Bedeutung, dass er kongruent in der Beziehung mit seinem Patienten ist, also insbesondere authentisch kommuniziert. Er soll dem Patienten als „echte" Person begegnen und sich nicht hinter einer professionellen Maske verstecken. Zur Kongruenz gehört für Rogers auch, dass die Rahmenbedingungen der therapeutischen Situation klar und für alle Beteiligten transparent sind. Nicht gemeint ist dagegen eine 100 %ige Offenheit hinsichtlich jedes Gefühlszustands des Therapeuten.

Rogers betont, dass der Therapeut durch die genannten notwendigen und hinreichenden Bedingungen den Rahmen schaffen muss, dass sich der Patient hinsichtlich seiner Probleme öffnen kann. Die Selbstexploration wird dabei technisch gesehen insbesondere durch Verbalisieren (also reflektierendes Zuhören; Abschn. 4.4.3) vorangetrieben. Insofern kommt dem aufmerksamen, einfühlsamen Zuhören eine besondere Rolle zu, auch weil es insbesondere Empathie vermittelt.

Grundsätzlich verdeutlicht dies aber auch, dass es sich vor allem um eine Haltung des Therapeuten handelt, die als bedeutsam gesehen wird, und nicht vorrangig um eine Technik.

Übung: Wenn ich mir meinen Therapeuten „backen" könnte…
Form: Diskussionsrunde mit zwei oder mehr Personen.
Material: Karteikarten und Stifte.
Zeit: Ca. 10–20 min (je nach Anzahl der Personen).
Ablauf:

- Tauschen Sie sich darüber aus, welche Eigenschaften Ihr Wunsch-Therapeut haben müsste! Die Eigenschaften sollten *allgemeiner Natur* und *unabhängig vom Qualifikationshintergrund* des Therapeuten sein. Was für ein Gegenüber bräuchten Sie, um sich bezüglich schwieriger Themen im Gespräch öffnen zu können?
- Schreiben Sie die Eigenschaften jeweils auf eine Karteikarte!
- Wenn Sie alle relevanten Eigenschaften notiert haben, schauen Sie, ob es „Gruppen" oder „Cluster" von Eigenschaft gibt, zwischen denen Sie augenscheinlich einen Zusammenhang sehen! Sortieren Sie die Karten in die verschiedenen Gruppen!
- Finden Sie einen Namen oder Oberbegriff für die verschiedenen Gruppen! Was beschreibt die jeweiligen Eigenschaften als Sammelbegriff am besten?

Reflexionsfragen:

- Bei welchen Eigenschaften bzw. bei welchen Oberbegriffen sind Sie sich relativ einig, dass diese für Ihren Traum-Therapeuten wichtig sind? Bei welchen haben Sie eher unterschiedliche Meinungen? Und haben Sie Hypothesen darüber, woran das jeweils liegt?

> - Inwiefern sehen Sie bei den von Ihnen benannten Eigenschaften bzw. Oberbegriffen Parallelen zu den von Rogers definierten „notwendigen" und „hinreichenden" Bedingungen?
> - Inwiefern würden Sie einen solchen Therapeuten für „notwendig" und „hinreichend" halten? Warum ist es Ihnen ggf. „hinreichend", also dass Sie nicht mehr als diese Eigenschaften bräuchten? Was würde Ihnen ggf. abgesehen von diesen „notwendigen" Kriterien fehlen, also was bräuchte es außer diesen allgemeinen Charakteristika?

3.2 Die Kommunikationsaxiome nach Watzlawick

„Gerade die Gemeinsamkeit der Sprache erzeugt die Illusion, dass der Partner die Wirklichkeit selbstverständlich so sehen muss, wie sie ist – das heißt, wie ich sie sehe." (Paul Watzlawik)

Der Österreicher Paul Watzlawik (1921–2007) war ein bekannter Kommunikationswissenschaftler, Philosoph und Psychotherapeut, dessen Aussagen bis heute von Relevanz für die Gesprächsführung sind. In seinem Buch „Menschliche Kommunikation" (ursprünglich 1969 erschienen, hier zitiert nach 13. Auflage aus 2017) benennt er sogenannte Kommunikationsaxiome, welche kurz erläutert werden sollen.

1. **„Man kann nicht *nicht* kommunizieren."** (Watzlawick et al., 2017, S. 60)
   Dies bedeutet, dass jedes Verhalten und auch jedes Nicht-Verhalten eine Form der Kommunikation darstellt. Auch wenn eine Person nichts sagt, geht eine Botschaft von ihr aus. Dabei spielt insbesondere die in Axiom 4 definierte „analoge Kommunikation" eine wichtige Rolle. Kommunikation ist demnach mehr als gesprochene Worte, denn auch nonverbale Signale wie Gestik und Mimik drücken etwas aus. Insofern ist es kaum möglich, *nicht* zu kommunizieren. Befinden sich beispielsweise zwei Menschen in einer Wartesituation und der eine von beiden setzt sich abgewandt auf einen Stuhl in eine Ecke des Raumes, so vermittelt er etwa: „Ich möchte gerade meine Ruhe."
   Diese Regel ist von besonderer Bedeutung für die Gesprächsführung. Sie hilft uns insbesondere bezüglich der Aspekte, die *nicht* gesagt werden, weiter. In Verbindung mit dem sogenannten reflektierenden Zuhören (Abschn. 4.4.3) kann so ein Gespräch mit beispielsweise wenig gesprächigen Personen in Gang gebracht werden. Das Gespräch kann außerdem viel schneller an Tiefgründigkeit gewinnen, wenn die Person als Ganzes mit all ihren nonverbalen Signalen „gelesen" wird.
2. **„Jede Kommunikation hat einen Inhalts- und einen Beziehungsaspekt, derart, dass letzterer den ersten bestimmt und daher eine Metakommunikation ist."** (Watzlawick et al., 2017, S. 64)

Der Inhaltsaspekt vermittelt die „Daten", während der Beziehungsaspekt darauf hinweist, wie diese Daten aufzufassen sind. Der Beziehungshinweis ist deshalb eine Kommunikation *über* die rein sachliche Kommunikation, auf der Metaebene. Er wird insbesondere über „analoge Kommunikation" (= nonverbale Botschaften) vermittelt, während der Inhaltsaspekt vorwiegend über „digitale Kommunikation" (= verbale Botschaften) verdeutlicht wird (siehe Axiom 4).

So kann beispielsweise die Aussage „Sie wollen mir helfen?" eine sehr unterschiedliche Bedeutung erlangen, je nachdem ob das „Sie" oder „mir" betont wird: Im ersten Fall könnte es sich um ein Anzweifeln der Kompetenz handeln, während die auf „mir" liegende Betonung auf eine Hoffnungslosigkeit hinweisen könnte.

Für die therapeutische Arbeit ist diesbezüglich zu berücksichtigen, dass die Beziehungsebene vorrangig zur Inhaltsebene behandelt werden muss. Wenn es Störungen in der Beziehung gibt, kann inhaltlich nicht weitergearbeitet werden. An dieser Stelle sei auch der Begriff der „Dissonanz" (Abschn. 4.6) angemerkt, für den ebendieses Vorgehen gilt.

Dieses Axiom wird von Schulz von Thun (1981) insofern erweitert, als dass er den Beziehungsaspekt weiter ausdifferenziert (in die Beziehungs-, Appell- und Selbstoffenbarungs-Ebene; Abschn. 3.3).

3. **„Die Natur einer Beziehung ist durch die Interpunktion der Kommunikationsabläufe seitens der Partner bedingt."** (Watzlawick et al., 2017, S. 69/70)

Interpunktion meint dabei die subjektiv empfundenen Startpunkte oder Abläufe innerhalb eines anhaltenden Austauschs von Mitteilungen. Diese können von den Kommunikationspartnern sehr unterschiedlich – teilweise genau gegensätzlich – wahrgenommen werden.

So kann sich in einer Paarbeziehung beispielsweise der Mann zurückziehen, weil seine Frau ständig nörgelt. Die Frau kann dagegen die Auffassung vertreten, dass sie nörgele, weil ihr Mann sich zurückziehe. Der ursprüngliche Ausgangspunkt ist den Partnern häufig nicht mehr ersichtlich und jeder interpunktiert in seiner Sichtweise.

Diese Regel kann im therapeutischen Kontext insbesondere zur Analyse von Interaktionsproblemen bzw. sogenannter „Dissonanz" (Abschn. 4.6) interessant sein: Einerseits können sich so interaktionelle Schwierigkeiten im sozialen Umfeld von Patienten erklären lassen. Anderseits können auch Probleme, welche die therapeutische Beziehung betreffen, dadurch bedingt sein.

4. **„Menschliche Kommunikation bedient sich digitaler und analoger Modalitäten. Digitale Kommunikationen haben eine komplexe und vielseitige logische Syntax, aber eine auf dem Gebiet der Beziehungen unzulängliche Semantik. Analoge Kommunikationen dagegen besitzen dieses semantische Potenzial, ermangeln aber der für eindeutige Kommunikationen erforderlichen logischen Syntax."** (Watzlawick et al., 2017, S. 78)

Digitale Kommunikation bezieht sich auf verbale, also durch Worte ausgedrückte Botschaften. Analoge Kommunikation bezieht sich dagegen auf nonverbale Botschaften, die insbesondere durch Körpersprache, Gestik, Mimik und Tonfall übermittelt werden. Für die digitale Kommunikation gibt es ein semantisches Übereinkommen wie z. B. für die vier Buchstaben K-A-T-Z-E und das damit bezeichnete Tier, was aber zufällig oder willkürlich getroffen ist. Der digitale Aspekt von Kommunikation wird daher insbesondere beim Nichtverstehen einer Fremdsprache deutlich und kommt besonders bei der Vermittlung von Wissen zum Tragen. Analoge Kommunikation ist dagegen viel ursprünglicher und allgemeingültiger. Sie kommt insbesondere in Beziehungen zum Ausdruck, wo eine Geste oder ein Blick bekanntlich mehr sagt als tausend Worte. Die Entschlüsselung dieser Geste etc., die durchaus unklar, z. B. doppeldeutig, sein kann, liegt allerdings beim Empfänger: Ein Problem, das bei der eindeutigeren, digitalen Kommunikation nicht in dieser Form besteht.

Beide Formen sind in der menschlichen Kommunikation von Bedeutung und können einander ergänzen oder widersprechen. Die Verbindung zu Axiom 2 (Inhalts- und Beziehungsaspekt in Kommunikation) besteht insofern, als dass der Inhaltsaspekte digital, der Beziehungsaspekte dagegen analog vermittelt wird.

Für die therapeutische Gesprächsführung erscheint diesbezüglich besonders zweckmäßig, als Therapeut mit möglichst wenig Doppeldeutigkeit in Aussagen zu kommunizieren. Die von Rogers geforderte „Kongruenz" (Abschn. 3.1) weist deutliche Parallelen dazu auf. So kann Missverständnissen vorgebeugt werden. Kommuniziert der Patient wiederum doppeldeutig, sollten sowohl die digitalen als auch die analogen Anteile einer vermittelten Botschaft in den weiteren Prozess einbezogen werden.

5. **„Zwischenmenschliche Kommunikationsabläufe sind entweder symmetrisch oder komplementär, je nachdem, ob die Beziehung zwischen den Partnern auf Gleichheit oder Unterschiedlichkeit beruht."** [Watzlawick et al., 2017, S. 81]

Symmetrische Beziehungen sind durch das Streben nach Gleichheit bzw. die Verminderung von Unterschieden zwischen den Partnern charakterisiert. Die beteiligten Personen bewegen sich auf „Augenhöhe" bzw. spiegeln sich gegenseitig, beispielsweise wenn sie sich gleichermaßen zu Wort kommen lassen oder sich gleichermaßen in einen Prozess einbeziehen. Komplementäre Beziehungen sind dagegen solche, bei denen die beteiligten Personen unterschiedliche Rollen einnehmen bzw. sich gegenseitig ergänzen. Dies kann durch bestimmte, ineinander verzahnte Beziehungen natürlicherweise (von Person A zu Person B und wieder zu A) ausgelöst werden, z. B. Mutter / Vater und Kind: Das Elternteil ist fürsorglich, das Kind hilfesuchend, deshalb sind die Eltern erneut fürsorglich.

Beide Interaktionsformen können in verschiedenen Situationen nützlich sein und sollten bewusst eingesetzt werden. Dies gilt auch für therapeutische Gesprächsführung. In bestimmten Situationen oder bei bestimmten Fragestellungen ist der Therapeut der besser informierte und deshalb der wissensvermittelnde oder beratende Part. Es gibt jedoch auch Ausgangssituationen, bei denen sich sowohl Therapeut

3.2 Die Kommunikationsaxiome nach Watzlawick

als auch Patient gleichermaßen „auf der Suche" befinden, z. B. bei Klärungszielen (beispielsweise „Soll ich mich beruflich neu orientieren?" oder „Soll ich meine Beziehung beenden?"). Allerdings bleibt es im professionellen Kontext in der Regel so, dass durchgehend unterschiedliche Rollen eingenommen werden: Der Therapeut ist von Berufswegen aus am Wohlergehen seines Patienten interessiert und der Patient nimmt die darauf ausgerichtete Dienstleistung in Anspruch. Nichtsdestotrotz betonen diverse Autoren die große Bedeutung davon, auch in einem solchen Setting miteinander auf Augenhöhe zu interagieren.

Hinsichtlich aller fünf Axiome können sich also Störungen ergeben. Gleichzeitig bieten die genannten Regeln aber auch Suchräume für Ansatzpunkte bei Schwierigkeiten. Insgesamt betont Watzlawik deshalb die Notwendigkeit, die verschiedenen Ebenen und Formen von Kommunikation zu verstehen, um erfolgreich zu kommunizieren.

> **Übung 1: Welches Kommunikationsaxiom erscheint für die folgenden Situationen besonders hilfreich?**
> Bitte überlegen Sie für die folgenden Aussagen, welches Kommunikationsaxiom besonders relevant bzw. nützlich für das Verständnis und weitere Vorgehen ist!
>
> 1. Patient: „Meine Schmerzen haben eine körperliche Ursache. Ich weiß gar nicht, was ich bei einem Therapeuten wie *Ihnen* soll! Sie haben doch in Ihrem Alter bestimmt sowieso kaum Erfahrung."
> 2. Patientin (mit monotoner Stimme, ausdruckslosem Blick und relativ affektflach): „Ich habe ein schreckliches Trauma erlebt. Ich war verzweifelt und hilflos. Sie können sich nicht vorstellen, wie schlimm das für mich war."
> 3. Patientin: „Bitte helfen Sie mir! Sagen Sie mir, was ich tun soll! Ich möchte einfach nur, dass es mir so schnell wie möglich besser geht. Und Sie haben ja das notwendige Wissen dazu."
> 4. Patient erscheint zur Sitzung, vermeidet Blickkontakt, schaut aus dem Fenster und bringt gerade eben ein knappes „Hallo!" über die Lippen.
> 5. Patientin: „Meine Schwiegertochter hat mir jetzt schon wochenlang mein Enkelkind vorenthalten und immer abgesagt. Beim nächsten Treffen muss ich ihr endlich persönlich sagen, wie ungerecht ich das von ihr finde. Auf meine Whatsapp-Nachrichten reagiert sie nämlich nicht mehr."
>
> > Auf Seite 131 im Anhang finden Sie Beispiel-Lösungen zu dieser Übung.

3.3 Die vier Seiten einer Nachricht nach Schulz von Thun

„Wer sich selbst versteht, kommuniziert besser." (Friedemann Schulz von Thun)

Auch der deutsche Kommunikationspsychologe Friedemann Schulz von Thun beleuchtet in seiner dreibändigen „Miteinander Reden"-Buchreihe (1981) die zwischenmenschliche Kommunikation und deren Herausforderungen. Auf ihn bzw. diese Buchreihe geht das „Vier-Seiten-Modell" zurück. Dieses postuliert die folgenden vier Seiten einer Nachricht:

Die vier Seiten einer Nachricht

Sachinhalt: …beschreibt den sachlichen, wertfreien Inhalt einer Nachricht, welche hinsichtlich dreier Kriterien beurteilt werden können:

- *Wahr* oder *unwahr* (also zutreffend oder nicht zutreffend)
- *Relevant* oder *irrelevant* (also ist etwas für das anstehende Thema von Belang oder nicht)
- *Hinlänglich* oder *unzureichend* (also sind die Informationen für das Thema ausreichend oder nicht)

Selbstoffenbarung: …offenbart – implizit oder explizit – etwas über den Sender, z. B. zu seinen Empfindungen, seinem Bild von sich selbst oder seinen Werten und Eigenarten.

Beziehung: …meint das Verhältnis zwischen Sender und Empfänger (wie es eingeschätzt wird bzw. was man voneinander hält), was explizit oder implizit transportiert werden kann.

Appell: …beinhaltet Wünsche, Handlungsanweisungen oder Ratschläge, um auf den Empfänger Einfluss zu nehmen in einer der folgenden Arten:

- Offen (= direktes Ansprechen der Wünsche etc.)
- Verdeckt / uneindeutig (= mehrere Deutungsmöglichkeiten und somit Unklarheit für den Empfänger)
- Paradox (= wenn das Gegenteil von dem, was erreicht werden möchte, gesendet wird)

Hier ein Beispiel zur Verdeutlichung der vier Ebenen einer Nachricht:
Ein Patient betritt den Raum mit an den Körper herangezogenen Armen und sagt dabei:

3.3 Die vier Seiten einer Nachricht nach Schulz von Thun

„Das Fenster steht noch auf!"
Sachinhalt:

- „Das Fenster steht noch auf!"

Selbstoffenbarung

- „Mir ist kalt. So fühle ich mich hier nicht wohl." (implizite Selbstoffenbarung).

Beziehung:

- „Mit offenem Fenster würde ich unseren gemeinsamen Termin heute nicht so gerne abhalten."

Appell:

- „Schließen Sie das Fenster, damit es wärmer wird und ich mich wohler fühle!" (Appell relativ offen bis leicht uneindeutig formuliert).

Schulz von Thun schlüsselt damit den von Watzlawik definierten Beziehungsapekt (Abschn. 3.2) in drei Ebenen (Beziehung, Appell und Selbstoffenbarung) auf. Der Inhaltsaspekt meint dagegen in beiden Theorien etwa das Gleiche.

> **Übung 2: Welche Botschaften nehmen Sie auf den vier Ebenen wahr?**
> Bitte überlegen Sie für die folgenden zwei Aussagen, welche Botschaften Sie auf den vier Ebenen nach Schulz von Thun verstehen!
>
> 1. Patient: „Mein Sohn will einfach nicht hören! Da muss man doch manchmal härtere Maßnahmen an den Tag legen! Ich kann mir doch schließlich nicht auf der Nase herumtanzen lassen!"
> 2. Patientin: „Unsere Gesprächstermine kommen langsam zu einem Ende? Ich bin aber immer noch in keiner neuen Partnerschaft, obwohl mir das ein so wichtiges Anliegen war!"
>
> > Auf Seite 131 im Anhang finden Sie Beispiel-Lösungen zu dieser Übung.

Vielleicht wird insbesondere durch die soeben aufgeführte Übung deutlich, dass man auf den unterschiedlichen Ebenen natürlich auch Unterschiedliches hören kann. So kann die oben genannte Patienten-Aussage z. B. auf der *Appell-Ebene* mehr oder weniger unterschiedlich verstanden werden:

Patient: „Mein Sohn will einfach nicht hören! Da muss man doch manchmal härtere Maßnahmen an den Tag legen! Ich kann mir doch schließlich nicht auf der Nase herumtanzen lassen!"

- *Appell-Ebene Möglichkeit 1:* „Sagen Sie mir bitte, dass es ok ist, bei so einem schwierigen Kind härtere Maßnahmen heranzuziehen!"
- *Appell-Ebene Möglichkeit 2:* „Stimmen Sie mir doch zu, dass härtere Maßnahmen nötig sind, damit ich kein schlechtes Gewissen haben muss!"
- *Appell-Ebene Möglichkeit 3:* „Sorgen Sie dafür, dass mein Sohn mir nicht mehr auf der Nase herumtanzt, damit ich nicht mehr handgreiflich werden muss!"

Zwischenmenschliche Kommunikation ist, wie dieses Beispiel erneut zeigt, in der Regel nicht eindeutig. Gerade in schwierigen Situationen geht es häufig um die Klärung der Botschaften auf den vier Ebenen. Dies kann sehr gut durch reflektierendes Zuhören realisiert werden (Abschn. 4.4.3).

Schulz von Thun betont deshalb, dass die Berücksichtigung aller vier Seiten für eine gute Gesprächsführung wichtig ist. Der Therapeut nimmt phasenweise sowohl die Sender- als auch in die Empfängerrolle ein. Deshalb muss er sich einerseits der Senderrolle bzw. dem, was er auf den unterschiedlichen Ebenen vermittelt, bewusst sein. Andererseits braucht er in der Empfängerrolle die Sensibilität, mögliche unterschiedliche Botschaften auf allen vier Ebenen wahrzunehmen. Schulz von Thun spricht in dem Zusammenhang vom *„Vier-Ohren-Modell"* und merkt diesbezüglich an, dass Menschen unterschiedliche Tendenzen haben, mit welchen „Ohren" sie bevorzugt „hören".

Folgende konkrete Ansatzpunkte lassen sich aus dem Modell ableiten:

Sachinhalt
- Sender:
  - Sachverhalte klar ausdrücken, ohne durch unnötige Informationen am Rande zu irritieren.
  - Sich für den jeweiligen Gesprächspartner gut verständlich ausdrücken, ohne z. B. Fachwörter zu benutzen oder zu schnell, zu laut, zu leise, ... zu sprechen.
- Empfänger:
  - Erhaltene Informationen hinsichtlich Stimmigkeit, Bedeutsamkeit und Vollständigkeit prüfen: Ist weitere Klärung erforderlich?

Selbstoffenbarung
- Sender:
  - Auf eigene nonverbale Signale und deren Kongruenz mit Gesagtem achten.
  - Ein Bewusstsein für eigene Gefühle, Bedürfnisse und Werte schaffen und diese – wenn nötig – in Ich-Botschaften explizieren (nicht „Sie halten Absprachen zu bestimmten Rahmenbedingungen nicht ein." sondern „Ich kann eine sinnvolle Therapie nur unter Einhaltung bestimmter Absprachen leisten.").

- Empfänger:
  - Ein Bewusstsein für eigene Gedanken, Annahmen, Werte und Gefühle schaffen und diese im Prozess berücksichtigen (z. B. fühle ich mich bei Kritik möglicherweise schnell angegriffen, kann dies aber durch mein Wissen darum mir selbst und nicht dem Patienten zuschreiben).

Beziehung
- Sender:
  - Keine wertenden Formulierungen nutzen.
  - Sich dem Gegenüber mit ganzer Aufmerksamkeit und Anteilnahme widmen.
- Empfänger:
  - Nachricht nicht sofort persönlich nehmen und sich ggf. eigener Gedanken, Annahmen, Werte und Gefühle bewusst sein („Ich fühle mich schnell angegriffen, deshalb möchte ich mich jetzt verteidigen, aber das hat mehr mit mir als mit meinem Patienten zu tun.")
  - Mit dem Beziehungshinweis wie mit einer Information auf Sachebene weiterarbeiten, die – nach Prüfung auf Richtigkeit, Wichtigkeit und Vollständigkeit – akzeptiert, zurückgewiesen oder ignoriert werden kann.

Appell
- Sender:
  - Appelle offen (also klar formuliert und nicht uneindeutig) und ohne Doppeldeutigkeit (z. B. wäre es widersprüchlich, nach der Aussage „Ich möchte, dass Sie mir Ihre Sicht der Dinge schildern!" auf die darauffolgenden Ausführungen mit direktem Unterbrechen und Anzweifeln zu reagieren; auch widersprüchlich wäre es, nach der Aussage „Sie sollten sich mit Ihren Ängsten auseinandersetzen." bei angstbesetzten Themen nicht mehr nachzufragen und diese mitzuvermeiden).
  - Wird auf einen Appell des Therapeuten mit einem „Nein" bzw. mit Ablehnung auf Patientenseite reagiert, sollte dieses „Nein" bzw. diese Ablehnung als neue Information auf der Sachebene verstanden werden.
- Empfänger:
  - Abklären, ob Appell richtig verstanden wurde.
  - Verantwortung übernehmen und sich bei einem „Ja" oder „Nein" zum Appell entsprechend verhalten.

Zusammenfassend lässt sich für die *Sender-Seite* sagen, dass unsere Botschaften an den Patienten so klar wie möglich sein sollten. Größeren Interpretationsspielraum zu lassen, ist ungünstig für die Kommunikation. Wenn die Mitteilungen, die wir auf den verschiedenen Ebenen machen, bestmöglich übereinstimmen, werden Missverständnisse unwahrscheinlicher. Dieser Punkt ist vergleichbar mit der von Rogers als besonders bedeutsam erachteten Kongruenz (Abschn. 3.1).

Für die *Empfänger-Seite* lässt sich zusammenfassend sagen, dass eine Prüfung der verstandenen Botschaften (auf allen vier Ebenen) von großer Bedeutung ist. Gesprächsführungstechnisch ist das reflektierende oder aktive Zuhören (Abschn. 4.4.3) dafür besonders hilfreich. Es dient u. a. einem ständigen Abgleich der vom Empfänger verstandenen und vom Sender gemeinten Botschaften. Außerdem sollten relevante Anteile der Therapeuten-Persönlichkeit berücksichtigt werden, um diese „im Zaum" halten zu können. Wenn sich der Therapeut also gut kennt und versteht, kommuniziert er nach Schulz von Thun besser.

Das Motivational Interviewing

„**Jeder Mensch ist Experte in eigener Sache. Niemand weiß mehr über ihn als er über sich selbst.**" (William Richard Miller & Stephen Rollnick)

Das vorliegende Buch beruft sich maßgeblich auf das Motivational Interviewing (Miller & Rollnick, 2015). Es gibt viele wertvolle, darüberhinausgehende Ansätze, von deren Beschreibung hier abgesehen wird. Viele alternative Ansätze weisen starke Parallelen zum Motivational Interviewing auf. Die schwerpunktmäßige Darstellung eines Ansatzes soll insbesondere der Reduktion von Komplexität dienen. Dies wiederum vereinfacht hoffentlich das Lernen in einem ohnehin sehr weiten und komplexen Feld.

4.1 Was ist das Motivational Interviewing?

Das Motivational Interviewing (MI; Miller & Rollnick, 2015) ist ein therapeutischer bzw. Beratungs-Ansatz, der viele Qualitäten vereint. Einige Charakteristika sind in der folgenden Box zusammengefasst.

> **Charakteristika des Motivational Interviewing**
> **Verfahrensübergreifend:** In allen Richtlinienverfahren (Verhaltenstherapie, systemische Therapie, analytische Psychotherapie, tiefenpsychologisch fundierte Psychotherapie) und auch in darüberhinausgehenden Kontexten (z. B. Beratung, Coaching) kann diese Art der Gesprächsführung zum Tragen kommen.
> **Altersübergreifen:** Ab dem frühen Jugendalter (ab ca. elf bis zwölf Jahren, damit die kognitive Fähigkeit zum abstrakten Denken gegeben ist) kann mit MI gearbeitet werden.

> **Störungsunspezifisch:** MI wird sowohl bei unterschiedlichen psychischen Störungen (z. B. Alkoholabhängigkeit, Essstörungen) als auch bei subklinischen, alltäglichen Problemen (z. B. allgemeines Gesundheitsverhalten, Treffen von schwierigen Entscheidungen) eingesetzt.
> **Klientenzentriert:** Der Patient bestimmt dabei, welche Ziele verfolgt werden sollen.
> **Direktiv:** Bei bestimmten situativen Gegebenheiten „lenkt" der Therapeut das Gespräch, und zwar in Richtung der „gesunden" Veränderung bzw. der Ziele des Patienten.
> **Evidenzbasiert:** Die Wirksamkeit des MI ist in diversen randomisiert-kontrollierten Studien und Metaanalysen untersucht und belegt worden (z. B. Frost et al., 2018).

Das MI wurde 1991 von den Autoren William Richard Miller und Stephen Rollnick als Alternative zu konfrontativeren Vorgehensweisen für Menschen mit Suchtproblemen (ursprünglich Alkoholabhängigkeit) entwickelt. Laut Miller und Rollnick (2015) ist es „ein kooperativer Gesprächsstil, mit dem wir einen Menschen in seiner eigenen Motivation zur und seinem eigenen Engagement für Veränderung stärken können" (Miller & Rollnick, 2015, S. 27). Ein Schwerpunkt liegt demnach auf einer speziellen Art der Gesprächsführung, jedoch werden auch darüberhinausgehende Vorgehensweisen für einen kompletten Behandlungsablauf aufgezeigt. Die Autoren beziehen sich dafür auf diverse Theorien und Ansätze, sodass im MI verschiedene Erkenntnisse und Erfahrungen psychologischer bzw. psychotherapeutischer Forschung zusammenfließen. Das Ergebnis ist ein gut verständlicher sowie erlernbarer „Werkzeugkoffer", der insbesondere auf die Gesprächsführung bei motivationalen Schwierigkeiten zugeschnitten ist. Da sich Ambivalenzen regelmäßig in Beratungs- sowie Therapiegesprächen zeigen, ist es dafür besonders geeignet (Abb. 4.1).

Im Rahmen des vorliegenden Buches wird das MI überblicksartig vorgestellt, jedoch nicht in allen Einzelheiten vertieft. Der Schwerpunkt liegt auf der MI-spezifischen Gesprächsführung (insbesondere auf den Kernkompetenzen; Abschn. 4.4). Nicht vertieft wird dagegen insbesondere das Vorgehen innerhalb eines gesamten Behandlungsplans, wie es nach den verschiedenen Prozessen des MI (Beziehungsaufbau, Fokussierung, Evokation und Planung; Abschn. 4.3) aufgebaut wird.

4.2 Menschenbild und Haltung des Therapeuten im Motivational Interviewing

Ähnlich wie in vielen anderen Ansätzen der Gesprächsführung wird im MI ein bestimmtes Menschenbild und eine besondere Haltung des Therapeuten betont, ohne welche die rein technische Umsetzung der sogenannten Kernkompetenzen als sinnlos erachtet wird. Beim **Menschenbild** wird insbesondere von zwei Punkten ausgegangen:

4.2 Menschenbild und Haltung des Therapeuten ...

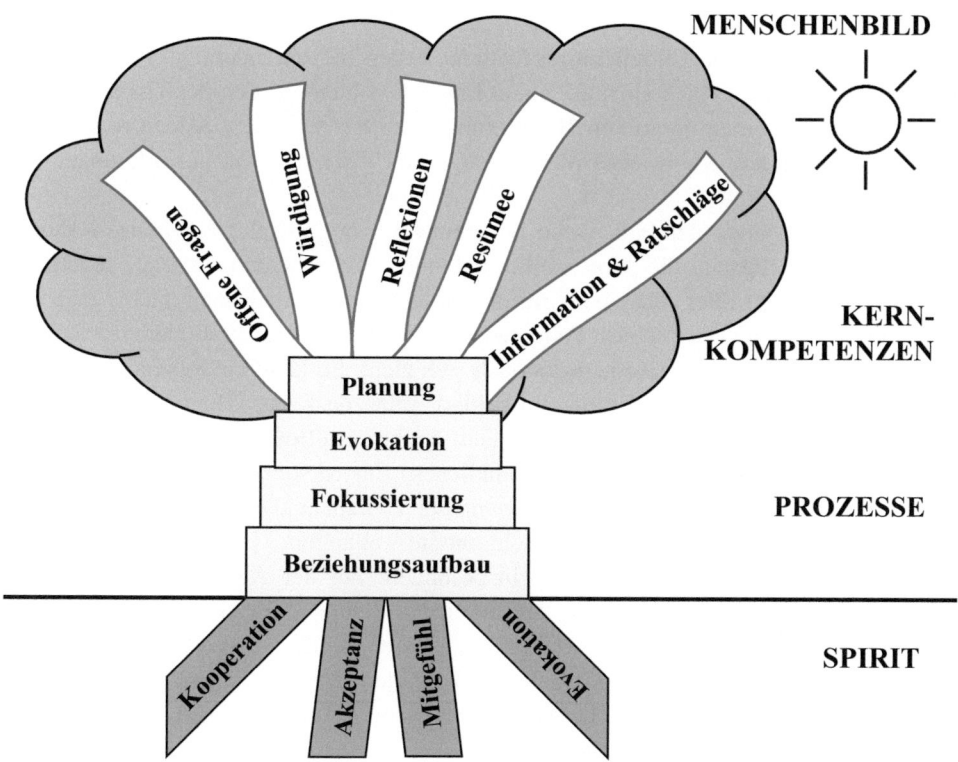

Abbildung 4.1 Übersicht über das Motivational Interviewing (Der „MI-Baum")

Ambivalenz-Gedanke

Ein Mensch, der sich nicht verändert, ist nicht „faul" oder „unmotiviert", sondern ambivalent. Es gibt immer Gründe für und gegen eine Veränderung. Die Ursache für eine Beibehaltung des Status quo wird demnach maßgeblich in den einschlägigen Argumenten *für* die Beibehaltung des Status quo bzw. *gegen* die Veränderung gesehen.

Häufig werden – meist insbesondere kurzfristig – psychologische Grundbedürfnisse (Grawe, 1998) durch das Problemverhalten realisiert. Es ist nachvollziehbar, dass die langfristigen negativen Konsequenzen – auch die langfristige Frustration von Grundbedürfnissen – im jeweiligen Moment weniger handlungsleitend sind. Durch die kurzfristige Herangehensweise bildet sich jedoch keine Lösungsstrategie für die langfristigen Probleme heraus. Z. B. hat eine Person keine Alternative zum Umgang mit Stress (z. B. Grundbedürfnis nach Lustgewinn / Unlustvermeidung), wenn Rauchen, Essen oder impulsives Reagieren bisher das bestetablierte „Ventil" dafür darstellten. Dann ist es schwierig, das Rauchen, Essen oder impulsive Reagieren von heute auf morgen abzulegen. Dieser Gedanke kann auch hilfreich für den Therapeuten sein, wenn dessen Geduld auf die Probe gestellt wird.

Autonomie-Gedanke
Der Mensch trifft seine Entscheidung für oder gegen die Veränderung letztlich eigenständig. Dabei kann es sich auch um einen Entschluss handeln, den der Therapeut nicht favorisiert. Ohne einen derartigen Hintergrund kann das Gespräch jedoch nicht in der Offenheit stattfinden, wie es als Unterstützung zur Umsetzung von Veränderungen notwendig ist.

Dies ist auch dann der Fall, wenn bestimmte (in der Regel gesetzliche) Rahmenbedingungen vorliegen, die eine völlig autonome Entscheidung streng genommen unmöglich machen. Der Therapeut muss den Autonomie-Gedanken nicht aufgeben, wenn eine Entscheidung seines Patienten ggf. bestimmte (insbesondere rechtliche), dem Patienten bekannte Konsequenzen nach sich zieht. So kann ein Patient mit wiederkehrenden Suizidgedanken darüber aufgeklärt sein, dass der Therapeut bei klaren Anzeichen für Suizidalität intervenieren muss. Nichtsdestotrotz kann der Therapeut den Patienten nicht zu einer bestimmten (gedanklichen) Entscheidung zwingen und ihn auch nicht von einem solchen Versuch – auch wenn der Therapeut als Reaktion auf bestimmte Anzeichen in einer bestimmten Art handeln müsste – abhalten.

Die Wahrung der Autonomie wird insbesondere bei der Arbeit mit Jugendlichen betont (Naar-King & Suarez, 2012). Die Identitätsfindung stellt eine wesentliche Aufgabe des Jugendalters dar und starkes Autonomiestreben gilt in dem Zusammenhang als wichtiges Merkmal der Jugendphase. Das Experimentieren mit unterschiedlichen Verhaltensweisen und Selbstbildern zur Ablösung bzw. zum Aufbau eigener Werte etc. muss daher besonders berücksichtigt werden.

Bezüglich der **Haltung des Therapeuten** – auch Geist oder „Spirit" genannt – werden folgende vier Grundsätze benannt:

> **Die therapeutische Haltung im Motivational Interviewing**
> **Kooperation:** MI wird „mit" und „für" einen Menschen durchgeführt, im Sinne der (gesunden) Ziele des Patienten. Es ist keine Methode, um Menschen mit „Tricks" zur Veränderung zu bewegen bzw. zu manipulieren. Beim MI geht es darum, die intrinsische Motivation und vorhandene Veränderungsressourcen zu aktivieren.
> **Akzeptanz:** Die Gesprächsführung im MI setzt eine bedingungsfreie, positive Wertschätzung voraus, welche mit Empathie im starken Zusammenhang steht. Der Unterstützung der Autonomie des Patienten und Würdigung seiner Person bzw. Anstrengungen kommt eine zentrale Rolle zu.
> **Mitgefühl:** Im MI soll das Wohlbefinden des anderen gefördert werden und seinen Bedürfnissen soll Priorität eingeräumt werden.
> **Evokation:** Der Therapeut bringt die Motive oder Argumente an die Oberfläche, welche der Patient bereits in sich trägt. Es wird dementsprechend nicht nach Defiziten geforscht oder Überzeugungsarbeit für etwas geleistet. Stattdessen werden die Stärken und individuellen Argumente des Patienten, welche für die erwünschte Veränderung hilfreich sind, fokussiert und „groß" gemacht.

Der Spirit des MI erinnert in vielerlei Hinsicht an die von Rogers definierten „notwendigen" und „hinreichenden" Bedingungen für eine Psychotherapie. Insofern überrascht es nicht, dass Miller und Rollnick sich häufig auf Rogers bzw. humanistische Ansätze berufen. Jedoch ist das MI im Gegensatz zu Rogers' nondirektivem Ansatz durchaus direktiv, wenn auch subtil: Die Evokation (methodisch umgesetzt über die Förderung von „Change Talk"; Abschn. 4.5), also das „Hervorlocken" bestimmter intrinsischer Motive, ist ausgerichtet auf die Argumente *für* die „gesunde" Veränderung bzw. *gegen* die Beibehaltung des „ungesunden" Status quo (siehe hierzu auch Abschn. 4.5.6). Diese werden im Rahmen der Gesprächsführung „evoziert". Die Argumente für die Beibehaltung des Status quo bzw. gegen die Veränderung werden dagegen zwar wahrgenommen, aber nicht weiter vertieft.

4.3 Prozesse im Motivational Interviewing

Im MI werden die vier Prozesse

1. Beziehungsaufbau,
2. Fokussierung,
3. Evokation und
4. Planung

unterschieden. Sie stellen unterschiedliche Phasen im therapeutischen oder beraterischen Ablauf dar.

Beim **Beziehungsaufbau** geht es darum, ein tragfähiges Arbeitsbündnis zwischen Therapeut und Patient aufzubauen. Bei der **Fokussierung** soll darauf das Ziel für die gemeinsame Arbeit formuliert werden. Der Prozess der **Evokation** als wichtiger Kern des MI soll dann dazu dienen, die intrinsische Motivation für die Veränderung – hin zum formulierten Ziel – herauszuarbeiten und zu stärken. Hier liegt ein Schwerpunkt auf der Förderung von „Change Talk" (Abschn. 4.5), obgleich dieses Vorgehen in allen Prozessen zum Einsatz kommen kann. Bei der **Planung** geht es letztlich darum, konkrete Änderungsschritte festzulegen und umzusetzen.

Für die Arbeit mit Jugendlichen sei – insbesondere hinsichtlich der Fokussierung und Evokation – angemerkt, dass diese auf weniger Lebenserfahrung zurückgreifen können als (ältere) Erwachsene. Normale Entwicklungsprozesse des Erwachsenwerdens können Motivation, Entscheidungen und Ziele immer wieder und unabsehbar beeinflussen. Kurzfristige, kleinschrittige Ziele sind deshalb in der Regel für jüngere Menschen angemessener als langfristige, unflexible Pläne.

4.4 Kernkompetenzen im Motivational Interviewing

Im MI werden fünf Kernkompetenzen benannt, welche im Gespräch fortlaufend zum Tragen kommen. Aufgrund dieser besonderen Bedeutung für die Gesprächsführung wird im Buch ein Schwerpunkt darauf gelegt. Die ersten vier der fünf Kernkompetenzen lassen sich unter dem Akronym „OARS" (englisch für Ruder) zusammenfassen.

> **Die OARS im Motivational Interviewing**
> Die ersten vier Kernkompetenzen im MI sind:
>
> **O**pen questions: Offene Fragen.
> **A**ffirming: Würdigung.
> **R**eflexions: Reflexionen.
> **S**ummerizing: Resümees.

Auf diese vier soll zuerst eingegangen werden. Die fünfte Kernkompetenz ist das **„Informationen und Ratschläge geben"**. Sie gestaltet sich vom Vorgehen etwas anders als die OARS. Auf die fünfte Kernkompetenz wird im Anschluss an die OARS eingegangen (siehe 4.4.5).

4.4.1 Offene Fragen (Asking Open Questions)

… laden den Patienten zur ausführlichen Darstellung eines Themas ein, weil sie ihm Spielraum für die Antwortmöglichkeiten lassen. Weil der Patient mit seiner Antwort innerhalb eines vorgegebenen Rahmens selber einen Schwerpunkt setzen muss, regen sie eher zum Nachdenken an. Geschlossene Fragen engen die Antwortmöglichkeiten dagegen eher ein, weil sie gewöhnlich nur eine kurze Antwort erfordern. Sie fokussieren somit und lassen wenig Raum für Selbstreflexion.

> **Übung: Geschlossene vs. offene Fragen im Gespräch**
> **Form:** Zweiergruppe.
> **Zeit:** ca. 15 min.
> **Ablauf:**
>
> - Inhaltlich soll es um ein Erstgespräch zu einem beliebigen Thema gehen. Wenn nötig, können Sie Anregungen aus den Fallvignetten aus Kap. 5 nehmen.
> - Führen Sie zwei Erstgespräche hintereinander durch:

4.4 Kernkompetenzen im Motivational Interviewing

> - Das erste Gespräch (maximal fünf Minuten) soll von Therapeutenseite aus nur mit *geschlossenen Fragen* geführt werden.
> - Das zweite Gespräch (wiederum maximal fünf Minuten) soll von Therapeutenseite aus nur mit *offenen Fragen* geführt werden.
> - Tauschen Sie danach für einen zweiten Durchlauf, damit jeder einmal die Rolle des Therapeuten und einmal die des Patienten einnimmt!
>
> **Reflexionsfragen:**
>
> - Wie haben Sie sich jeweils in Ihrer Rolle gefühlt?
> - Warum haben Sie sich jeweils in Ihrer Rolle so gefühlt?
> - Wie gut ist es Ihnen gelungen, die jeweilige Aufgabe (nur geschlossene bzw. nur offene Fragen) umzusetzen?
> - Wenn es Schwierigkeiten bei der Umsetzung gab: Woran lag dies Ihrer Ansicht nach?

Grundsätzlich ist es schwierig, ohne offene Fragen in ein flüssiges Gespräch zu finden. Geschlossene Fragen haben beim alleinigen Einsatz schnell Verhör-Charakter und fühlen sich inhaltlich wie „die Suche nach der Nadel im Heuhaufen" an. Der Therapeut übernimmt den aktiveren Part und denkt sich fortlaufend neue Hypothesen aus, die überprüft werden.

Um die Selbstexploration zu fördern, bieten sich dementsprechend eher offene als geschlossene Fragen an. Als Therapeut gehen wir mit offenen Fragen sprichwörtlich „einen Schritt zurück" und öffnen eine weitergefasste Perspektive, die weniger durch unsere eigenen Hypothesen geleitet ist. Dadurch gelangen wir schneller zu den Hypothesen bzw. intrinsischen Motiven des Patienten und lösen – weil das Nachfragen weniger suggestiv ist – weniger Reaktanz aus.

Offene Fragen	Geschlossene Fragen
…sind nicht mit „Ja", „Nein" oder einer sehr spezifischen Antwort zu beantworten	…erfordern gewöhnlich nur eine kurze Antwort und unterbinden weitere Ausführungen
…laden den Befragten zu einer ausführlichen Darstellung seiner Sichtweise ein	…fokussieren und engen die Antwortmöglichkeiten ein
…explorieren eher die intrinsischen Motive bzw. die Sichtweise des Patienten	…überprüfen eher die Hypothesen des Therapeuten
Beispiele für offene und geschlossene Fragen im Kontrast	
„Woran merken Sie, dass Ihnen der Bewegungsmangel nicht guttut?"	*„Merken Sie, dass Ihnen der Bewegungsmangel nicht guttut?"*
„Was hat dazu geführt, dass Sie sich hier gemeldet haben?"	*„Wussten Sie mit Ihrem Problem nicht mehr weiter und haben sich deshalb hier gemeldet?"*

„Wie denken Sie über eine stationäre Therapie?"	„Wäre eine stationäre Therapie in Ihrem Fall eine gute Lösung?"
„Was hat Ihnen bisher in schwierigen Situationen geholfen?"	„Hilft es Ihnen in schwierigen Situationen, wenn Sie sich Unterstützung holen?"
„Wie schätzen Sie die aktuelle Lage ein?"	„Denken Sie, dass die aktuelle Lage kritisch ist?"

Geschlossene Fragen sind nicht pauschal schlecht und in bestimmten Kontexten durchaus sinnvoll, z. B. um das Ansprechen heikler Themen zu erleichtern. Allerdings verfolgen sie grundsätzlich weniger die Ziele vom MI als offene Fragen. Deshalb gehören letztere zu den Kernkompetenzen des MI. Insbesondere hinsichtlich der Förderung von „Change Talk" (Abschn. 4.5) sind sie von Bedeutung.

Manchmal kann es hilfreich sein, eine Hypothese nicht direkt durch eine geschlossene Frage zu überprüfen, sondern einen Schritt zurück zu treten und den Raum für Antwortmöglichkeiten durch eine alternative, offene Frage zu weiten. Um dies auszuprobieren, dient die folgende Übung.

Übung 3: Geschlossene Fragen offen formulieren
Versuchen Sie, die folgenden, geschlossenen Fragen *offen* zu formulieren!

1. „Sind Sie hier, weil Ihre Frau Sie geschickt hat?"
2. „Tut es Ihnen denn gut, sich gesund zu ernähren?"
3. „Haben Sie es schonmal mit der Unterstützung durch eine Selbsthilfegruppe versucht?"
4. „Glauben Sie, dass Sie noch lange ohne Probleme weiterleben werden, wenn Sie auch in Zukunft so rauchen wie bisher?"
5. „Finden Sie die Vorschläge Ihrer Freunde, sich anders zu verhalten, nachvollziehbar?"

> Auf Seite 132 im Anhang finden Sie Beispiel-Lösungen zu dieser Übung.

Offene Fragen werden natürlich auch in anderen Ansätzen als im MI genutzt. Beim geleiteten Entdecken in der Verhaltenstherapie werden sie beispielsweise eingesetzt, um dem Patienten Zusammenhänge aufzuzeigen, die dem Therapeuten bereits bekannt sind. Beim MI zielen offene Fragen dagegen insbesondere auf die Selbstexploration des Patienten ab, deren Ergebnis dem Therapeuten nicht vorab bekannt ist. Im Rahmen der Förderung von „Change Talk" sind sie direktiv, mit dem Fokus auf die Argumente für eine Veränderung bzw. gegen die Beibehaltung des Status quo (Abschn. 4.5).

4.4.2 Würdigung (*Affirming*)

Würdigen bedeutet, den Patienten zu ermutigen, indem seine Stärken und Bemühungen anerkannt und unterstützt werden. Auch dysfunktionale Lösungsversuche können gewürdigt werden, woran deutlich wird, dass eine Würdigung mit ihrer eher wahrnehmenden Art von einem eher wertenden Lob abzugrenzen ist. Würdigungen und Reflexionen (Abschn. 4.4.3) weisen häufig Überschneidungen auf.

Würdigung	Lob
eher wahrnehmend (bemerken, wertschätzen)	eher wertend (verstärken, fördern)
eher übergeordnet als Wertschätzung und Respektierung der ganzen Person bzw. ihrer Situation genutzt	eher verhaltenssteuernd auf Ziele der Person ausgerichtet einsetzt
Beispiel für Würdigung und Lob im Kontrast	
Patient: „Abends bin ich dann so gestresst, da helfen mir die Süßigkeiten einfach total, um runterzukommen. Das tut mir dann richtig gut."	
Angemessene Reaktion des Therapeuten: *„Sie haben sich um ein Ventil bemüht und im Süßigkeitenessen ein solches gefunden."*	Unangemessene Reaktion des Therapeuten: *„Super, dass Sie im Süßigkeitenessen ein Ventil für sich gefunden haben!"*

Ähnlich wie bei den offenen und geschlossenen Fragen kann sowohl eine Würdigung als auch ein Lob in bestimmten Kontexten sinnvoll sein. Miller und Rollnick (2015) halten das Loben aber grundsätzlich für nicht kompatibel mit dem Spirit des MI, da sich der Therapeut durch ein Lob über den Patienten stellt. Es entspricht deshalb nicht einem Vorgehen auf „Augenhöhe". Allerdings sind auch hier die Übergänge wie so oft fließend.

> **Übung 4: Würdigungen formulieren**
> Versuchen Sie, zu den folgenden Patienten-Aussagen Würdigungen zu formulieren!
>
> 1. „Ich habe so lange auf einen Therapieplatz warten müssen! Das war echt schrecklich. Ich habe mich sehr alleingelassen gefühlt vom Gesundheitssystem."
> 2. „Oft denke ich, ich halte das alles nicht mehr aus und mache meinem Leben ein Ende. Aber eigentlich weiß ich, dass ich das nicht will. Insbesondere nicht wegen meiner Kinder."

> 3. „Ich habe schon jede Menge Bücher zu dem Thema gelesen, Freunde gefragt und im Internet recherchiert. Aber irgendwie hat es nichts genützt, ich bin immer noch nicht schlauer daraus geworden."
> 4. „Immer hat meine Familie auf mir rumgehackt! Ich war der Sündenbock für alle. Jetzt sollen sie mal sehen, was sie davon haben! Ich lasse mir das nicht mehr länger gefallen!"
> 5. „Es war wirklich anstrengend mit dieser Hausaufgabe, die Sie mir beim letzten Mal gegeben haben. Aber ich habe es tatsächlich geschafft."
>
> \> Auf Seite 132 im Anhang finden Sie Beispiel-Lösungen zu dieser Übung.

4.4.3 Reflexion (Reflecting)

… bedeutet im Kern, als Reaktion eine Vermutung darüber zu äußern, was der Patient verbal und / oder nonverbal sagt bzw. gemeint hat. Diese Kernkompetenz ist somit gleichzusetzen mit dem auf Rogers zurückgehenden reflektierenden oder aktiven Zuhören, was in besonderem Maße die „notwendigen" und „hinreichenden" Bedingungen methodisch umsetzt. Insbesondere wird so das empathische Einfühlen realisiert.

Beispiel:

> Patient: *„In der letzten Zeit haben sich meine zwei engsten Freunde ein paar Mal ohne mich getroffen. Das habe ich so ganz nebenbei erfahren. Und es hat mich total überrumpelt."*
>
> - Reflexion des Therapeuten: *„Sie haben sich ausgeschlossen gefühlt."*

Daher weist die Reflexion auch viele Parallelen zu jeglichen Konzepten der *Validierung* auf (z. B. aus der dialektisch-behavioralen Therapie nach Linehan): Mit der richtigen Haltung des Therapeuten eingesetzt ist sie eine äußerst wirksame Validierungsmöglichkeit und dadurch beziehungsstiftend.

Reflexionen fördern gleichzeitig die *Selbstexploration* und helfen, die eigenen Gedanken zu sortieren oder strukturieren. Dafür muss der Therapeut sich maximal in Zurückhaltung mit eigenen Hypothesen üben und ausschließlich mit den vom Patienten erhaltenen Informationen arbeiten. Dem Patienten wird seine Aussage wie ein Spiegel noch einmal vorgehalten, sodass er sie prüfen und weiterentwickeln kann. Da Aussagen im Sinne des reflektierenden Zuhörens auf einen Punkt enden, wird der Denkfluss weniger unterbrochen. D. h., anders als bei einer Frage senkt sich die Stimme am Ende der Reflexion. Dadurch entfällt der Appell „Bitte antworte mir auf meine Frage!"

Darüber hinaus stellt diese zentrale Kernkompetenz die Möglichkeit für einen fortlaufenden Feedback-Prozess dar (im Sinne des Kommunikations-Experiments unter

Kap. 3) dar. Der Therapeut kann so überprüfen, ob er die von Patienten vermittelte Botschaft richtig verstanden hat. Es ergibt sich ein fortlaufender *Abgleich von Gesagtem und Verstandenem,* weil der Therapeut immer wieder formuliert, was er auf unterschiedlichsten Ebenen verstanden hat. Bei einem Missverständnis kann der Patient direkt korrigieren.

> **Funktionen von reflektierendem Zuhören**
> Reflektierendes Zuhören erfüllt unterschiedliche Funktionen in einem Gespräch:
>
> - Validierung, Beziehungsförderung bzw. Vermittlung von Empathie
> - Förderung der Selbstreflexion, Strukturierung der Gedanken ohne Unterbrechung oder ohne Lenkung des Denkflusses
> - Fortlaufender Abgleich von Verstandenem und Gesagtem, Vorbeugen von Missverständnissen

Aufgrund der vielseitigen Bedeutung von reflektierendem Zuhören gibt es unterschiedliche synonyme Begriffe oder verwandte Ansätze, die ein derartiges Vorgehen beschreiben bzw. betonen. Synonyme Begriffe sind beispielsweise das Spiegeln oder Paraphrasieren, während die mentalisierungsbasierte Therapie ein Beispiel für einen Ansatz mit vielen Parallelen darstellt. Miller und Rollnick (2015) sehen diese Kernkompetenz somit in Einklang mit vielen anderen Autoren als wichtiges „Herzstück" und als die Grundlage aller vier MI-Prozesse. Deshalb legt auch dieses Buch einen Schwerpunkt auf das reflektierende Zuhören.

Reflexionen sind sehr unterschiedlich formulierbar. Als Reaktion auf eine Aussage sind grundsätzlich immer mehrere Möglichkeiten denkbar, sodass es nicht die „eine richtige" Option gibt. Je tiefgründiger eine Aussage reflektiert wird, desto *komplexer* ist die Reflexion.

▶ Im MI werden **einfache und komplexe Reflexionen** unterschieden, wobei die Grenzen dazwischen fließend sind.

Während *einfache* Reflexionen inhaltlich nah an der konkreten Äußerung bleiben, fließen bei *komplexen* Reflexionen Hypothesen des Therapeuten – häufig auch zu emotionalen Anteilen einer Aussage – ein. Man geht bildlich gesprochen tiefer unter die Oberfläche und „liest" den Patienten als Ganzes (mit z. B. Informationen, die man sonst von ihm hat; einschließlich des Stimmklangs, der Gestik und Mimik).

Beispiel:

> Patient (mit gesenktem Blick und zaghafter Stimme): *„Bei einer Trennung von meiner Frau würden meine Kinder mich hassen. Wahrscheinlich würden sie nichts mehr mit mir zu tun haben wollen."*

- Einfache Reflexion: *„Ihre Kinder würden Ihnen das vermutlich sehr übelnehmen."*
- Komplexe Reflexion: *„Im Falle einer Trennung würde sich möglicherweise Ihre ganze Familie von Ihnen abwenden, was schrecklich für Sie wäre."*

Um sehr hypothetische Annahmen etwas zu relativieren, kann z. B. ein „Sie denken, dass..." oder „Es klingt für mich ein bisschen so, als ob..." zur Einleitung der Reflexion genutzt werden. Das Vorgehen kann auch nützlich sein um explizit deutlich zu machen, dass es sich bei einer Aussage nicht um die persönliche Meinung des Therapeuten handelt.

Wenn man z. B. das Modell von Schulz von Thun (Abschn. 3.3) heranzieht, lassen sich vier Aspekte für die Reflexion herausgreifen:

Beispiel:

Patient: *„Bei einer Trennung von meiner Frau würden meine Kinder mich hassen. Wahrscheinlich würden sie nichts mehr mit mir zu tun haben wollen."*
- Reflexion der Sachebene: *„In Ihrer Familie gibt es gerade viele Schwierigkeiten."*
- Reflexion der Appellebene: *„Sie würden sich eine gute Lösung von mir für dieses Dilemma wünschen."*
- Reflexion der Beziehungsebene: *„Sie möchten dieses Thema, was Sie sehr beschäftigt, gerne genauer in der Sitzung anschauen, deshalb vertrauen Sie es mir an."*
- Reflexion der Selbstoffenbarungsebene: *„Es geht Ihnen gerade richtig schlecht in diesem Dilemma. Sie haben große Angst, Ihre Kinder zu verlieren."*

Wie bereits unter Abschn. 3.3 angemerkt, tendieren Menschen dazu, mit den unterschiedlichen „Ohren" (siehe „Vier-Ohren-Modell", Abschn. 3.3) unterschiedlich gut zu hören. So nimmt eine Person vielleicht insbesondere die Botschaften auf der Beziehungsebene wahr, während eine andere Person möglicherweise besonders gut auf dem Appell-Ohr hört. Der Reflexionsinhalt hängt als davon ab, auf welchem Ohr der Therapeut die Botschaft vordergründig wahrnimmt. Dabei können sich natürlich Fehler ergeben, die jedoch eine wichtige Funktion erfüllen. Denn durch die fortlaufende Feedback-Schleife, welche die Reflexionen bieten, kann der vom Patienten geäußerte Inhalt konkretisiert und spezifiziert werden.

Im Sinne von Watzlawicks Regel „Man kann nicht *nicht* kommunizieren." (Abschn. 3.2) können darüber hinaus auch nicht verbal geäußerte Botschaften in eine Reflexion einfließen, z. B. Gestik oder Mimik einer Person. Aber auch der Klang der Stimme oder paraverbale Äußerungen wie ein Seufzen können durch reflektierendes Zuhören wiedergegeben werden.

Beispiel:

- Patientin (mit verschränkten Armen aus dem Fenster hinausschauend): *„Meine Eltern wollten, dass ich zu Ihnen komme."*
- Therapeutin: *„Du möchtest eigentlich nicht mit mir sprechen."*

4.4 Kernkompetenzen im Motivational Interviewing

Überblick über die folgenden Übungen zum reflektierenden Zuhören
Reflektierendes Zuhören ist anspruchsvoll. In den nun folgenden Übungen kann das reflektierende Zuhören deshalb schrittweise geübt werden.

1. **Hypothesen bilden und prüfen:** Die Bildung und Prüfung von Hypothesen stellt beim reflektierenden Zuhören eine fortlaufende Aufgabe dar. Therapeuten müssen sich durchgehend mit der Frage auseinandersetzen, was der andere mit dem, was er erzählt, meint. In dieser ersten Übung geht es darum, Hypothesen bezüglich einzelner Begriffe zu bilden und sie auch direkt in Form einer Frage zu überprüfen.
2. **Reflektierendes Zuhören vorbereiten:** Die Hypothesen werden beim reflektierenden Zuhören in Form einer Aussage formuliert. Das bedeutet, dass die Stimme nicht wie bei einer Frage am Ende angehoben wird, sondern abgesenkt wird und auf somit einen Punkt endet. Das fällt erfahrungsgemäß zunächst schwer, weshalb es bewusst für einzelne Begriffe (ähnlich wie in der vorherigen Aufgabe) geübt werden soll.
3. **Konkrete Reflexionen formulieren:** Nach Konzentration auf einzelne Begriffe und deren Bedeutungsgehalt geht es in dieser Übung um das reflektierende Zuhören bezüglich einzelner Aussagen. Diese sind aus einem bestimmten Kontext herausgegriffen und dienen als Auszug aus einem Gespräch der Auseinandersetzung mit Teilsequenzen, für welche in Ruhe überlegt werden kann.
4. **Gespräch mit reflektierendem Zuhören:** Die letzte Übung bezieht sich auf das reflektierende Zuhören in einem „echten" Gespräch. Hier muss schneller und spontaner reagiert werden als in den vorherigen Übungen. Außerdem können die Patienten-Aussagen so zunehmend besser im Zusammenhang gesehen werden, weil mehr Informationen vorliegen als bei einer aus dem Kontext herausgegriffenen Aussage.

4.4.3.1 Übung: Hypothesen bilden und prüfen
Form: Mind. Zweiergruppe oder auch mehr Personen.
Zeit: Ca. 10–15 min.
Ablauf:

- Jeder von Ihnen sollte sich ca. drei Sätze oder Begriffe überlegen, z. B. ein allgemeines Persönlichkeitsmerkmal in der Form von etwa „Was ich an mir (nicht) gerne mag, ist…" (z. B. „…dass ich gut organisiert bin" oder „…dass ich manchmal impulsiv bin").
- Der Reihe nach sollte jeder einen dieser Sätze äußern.
- Aufgabe der anderen ist es, diese Äußerung (reihum bzw. durch mehrere Versuche) reflektierend zu verstehen. Die Fragen zur Überprüfung der eigenen Hypothesen sollten in der folgenden Form gestellt werden:
    – „Meinst du damit, dass…?" (z. B. „…du nie etwas vergisst?" oder „…du manchmal sehr plötzlich wütend wirst?")

- Auf die hypothesenprüfenden Fragen soll nur mit „ja" oder „nein" reagiert werden.
- Die Übung soll möglichst nicht durch Diskussionen unterbrochen werden.

4.4.3.2 Reflektierendes Zuhören vorbereiten
Form: Mind. Zweiergruppe oder auch mehr Personen.
Zeit: Ca. 10–15 min.
Ablauf:

- Jeder von Ihnen sollte sich ca. drei Sätze oder Begriffe überlegen, z. B. ein allgemeines Persönlichkeitsmerkmal in der Form von etwa „Was ich an mir (nicht) verändern möchte, ist…" (z. B. „…dass ich zuverlässig bin" oder „…dass ich manchmal unaufmerksam bin").
- Aufgabe der anderen ist es, diese Äußerung (reihum bzw. durch mehrere Versuche) reflektierend zu verstehen. Nun sollen explizit *keine* Fragen sondern auf einen Punkt endende Aussagen formuliert werden. Die Stimme soll am Ende angesenkt werden. Mögliche Satzanfänge sind:
  - „Das klingt so, als ob…"
  - „Du hast das Gefühl, dass…"
  - „Es macht auf dich den Eindruck, als ob…"
  - „Bist… (bist / hast / willst / kannst etc.) also…"
- Auf die Reflexionen darf mit einer ausführlicheren Antwort, aber auch nur mit „ja" oder „nein" reagiert werden.
- Es soll so lange im Sinne des reflektierenden Zuhörens reagiert werden, bis die jeweilige Aussage ausreichend geklärt worden ist.
- Auch hier sollte die Übung möglichst nicht durch Diskussionen unterbrochen werden.

> **Übung 5: Konkrete Reflexionen formulieren**
> Versuchen Sie, zu den folgenden Patienten-Aussagen Reflexionen zu formulieren! Diese sollten wie in der Übung davor auf einen Punkt enden. Sie können sich für jede Aussage mehrere Optionen überlegen.
>
> 1. Mit lauter Stimme und gestikulierenden Händen: „Ich habe so lange auf einen Therapieplatz warten müssen! Das war echt schrecklich. Ich habe mich sehr alleingelassen gefühlt vom Gesundheitssystem."
> 2. Mit Blick ins Leere und monotoner Stimme: „Oft denke ich, ich halte das alles nicht mehr aus und mache meinem Leben ein Ende. Aber eigentlich weiß ich, dass ich das nicht will. Insbesondere nicht wegen meiner Kinder."
> 3. Resignierend: „Ich habe schon jede Menge Bücher zu dem Thema gelesen, Freunde gefragt und im Internet recherchiert. Aber irgendwie hat es nichts genützt, ich bin immer noch nicht schlauer daraus geworden."
> 4. Hasserfüllt: „Immer hat meine Familie auf mir rumgehackt! Ich war der Sündenbock für alle. Jetzt sollen sie mal sehen, was sie davon haben! Ich lasse mir das nicht mehr länger gefallen!"

4.4 Kernkompetenzen im Motivational Interviewing

> 5. Stolz: „Es war wirklich anstrengend mit dieser Hausaufgabe, die Sie mir beim letzten Mal gegeben haben. Aber ich habe es tatsächlich geschafft."
>
> > Auf Seite 133 im Anhang finden Sie Beispiel-Lösungen zu dieser Übung.

4.4.3.3 Übung: Gespräch mit reflektierendem Zuhören

Vor dem Gespräch
Gestalten Sie nun ein ganzes Gespräch maßgeblich durch reflektierendes Zuhören! Dafür bietet sich insbesondere die Ausgangslage eines Erstgesprächs an. Nehmen Sie sich jeweils etwa 10 min Zeit und tauschen Sie später für einen weiteren Durchgang! Pausieren Sie das Rollenspiel – wenn es hilfreich erscheint – zwischenzeitig, um sich kurz zu beratschlagen, wie es weitergehen könnte!

Therapeut: Explorieren Sie die Situation der vor Ihnen sitzenden Person! Machen Sie möglichst **nichts anderes außer reflektierendem Zuhören** (also keine Vorschläge machen, keine Fragen stellen etc.)! Spiegeln Sie insbesondere Ambivalenzen (gerne beidseitig) wider!
    Starten Sie mit einem der folgenden Sätze:
    „Was führt Sie heute hierher?" oder *„Wie kann ich Ihnen weiterhelfen?"*

Patient: Inhaltlich bietet sich für die Patienten-Seite ein niederschwelliges, eigenes Thema an, was Sie sich vorstellen könnten einzubringen. In der Regel eigenen sich insbesondere Themen gut, bei denen Sie eine gewisse Ambivalenz aufweisen, z. B.:

- mehr Sport treiben
- früher mit dem Lernen für Prüfungen bzw. der Vorbereitung wichtiger Ereignisse anfangen
- mit dem Rauchen aufhören
- gesünder essen bzw. weniger Süßigkeiten / Knabbersachen essen
- sich mehr Zeit für Selbstfürsorge (z. B. eigene Hobbies) nehmen
- andere unliebsame Verhaltensweisen ändern
- mehr im Einklang mit eigenen Werten leben (z. B. umweltfreundlicher leben, mehr Zeit mit den Kindern verbringen etc.)
- usw.

Teilen Sie Ihrem Rollenspielpartner **nicht** vorab mit, welches Thema Sie wählen! Genau dies soll ja im Rollenspiel exploriert werden. Machen Sie es Ihrem Gegenüber darüber hinaus nicht zu schwer und zeigen Sie sich aufgeschlossen für die Exploration im Gespräch!

Nach dem Gespräch
Tauschen Sie sich im Anschluss an das Rollenspiel über folgende Fragen aus:

Wohlbefinden während des Gesprächs

Wie wohl haben Sie sich jeweils in Ihren Rollen während des Gesprächs gefühlt?

•──•
0 %   100 %
(habe mich gar nicht wohl gefühlt)   (habe mich absolut wohl gefühlt)

- Was lief gut? Also was macht den auf der visuellen Analogskala markierten Wert aus?
- Was lief vielleicht nicht so gut? Also was macht den bis 100 % fehlenden Wert auf der visuellen Analogskala aus?

Umsetzung reflektierendes Zuhören

Wie gut ist es gelungen, maßgeblich nur reflektierendes Zuhören anzuwenden?

•──•
0 %   100 %
(hat gar nicht geklappt)   (hat perfekt geklappt)

- Was macht den auf der visuellen Analogskala markierten Wert aus? Also was macht den Anteil aus, der gut gelaufen ist?
- Was macht den bis 100 % fehlenden Wert auf der visuellen Analogskala aus? Also worin bestand das Problem an den Stellen, wo es nicht gelungen ist?

Fazit der Übung
- Was sollte ich in der Therapeuten- bzw. Berater-Rolle so beibehalten?
- Woran sollte ich weiterarbeiten?
- Machen Sie ggf. einen weiteren Wiederholungs-Durchlauf!

4.4.4 Resümee (Summarizing)

... trägt Informationen vom Patienten zusammen, die über eine längere Zeit gesammelt wurden, in etwa wie eine Reflexion über einen längeren Abschnitt.

▶ Im MI werden **sammelnde** (genannte Punkte werden zusammengefasst), **verbindende** (genannte Punkte werden mit zu einem früheren Zeitpunkt genannten Punkten zusammengefasst) und **überleitende** Resümees (fassen Punkte hinsichtlich etwas Neuem / Zukünftigen zusammen) unterschieden.

4.4 Kernkompetenzen im Motivational Interviewing

Beispiel:

- **Sammelndes Resümee:** „Auf der einen Seite schmeckt Ihnen Alkohol gut, lässt Sie entspannen und trägt Ihrer Ansicht nach zur guten Stimmung bei Treffen mit Freunden bei. Andererseits machen Sie unter Alkoholeinfluss manchmal Sachen, die Sie später bereuen, und Sie haben am nächsten Morgen häufig einen Kater."
- **Verbindendes Resümee:** „In der Situation mit Ihrem Freund waren Sie also sehr traurig und es ist Ihnen schwergefallen, aus dem Grübeln rauszukommen. Es klingt nach einer ähnlichen Situation wie letztens, als Sie mit Ihrer Kommilitonin in der Mensa waren und sich sehr verletzt gefühlt haben."
- **Überleitendes Resümee:** „Wenn ich Sie richtig verstehe, erhoffen Sie sich von unserer gemeinsamen Arbeit Hilfe für die aktuelle Krise. Danach soll es um Stabilisierung gehen, damit es im besten Fall gar nicht mehr zu solch einer Krise kommt."

> **Übung 6: Resümee erstellen**
> Versuchen Sie, zu der folgenden Patienten-Aussage ein Resümee zu formulieren!
>
> „Wenn Sie wüssten, was ich schon alles versucht habe, damit es mir endlich bezüglich der Kopfschmerzen besser geht! Ich war bei allen möglichen Spezialisten, also Fachärzten, in einer speziellen Kopfschmerz-Ambulanz, habe stationär alle möglichen diagnostischen Untersuchungen über mich ergehen lassen. Dann habe ich diverse Medikamente ausprobiert, von denen irgendwer meinte, sie könnten hilfreich sein. Auch diese Globoli. Bei einem Osteopathen war ich außerdem auch noch. Akkupunktur habe ich bekommen. Dann bin ich zu einem Heilpraktiker gegangen. Bei einem Therapeuten vor Ihnen war ich sogar auch schon. Ich bin wirklich verzweifelt und habe das Gefühl, langsam durchzudrehen. Ich hoffe so sehr, dass Sie mir helfen können. Ehrlich gesagt habe ich bisher nicht so viel von Therapie gehalten. Aber viele Ärzte und auch einige Bekannte aus meinem Umfeld haben das Thema ins Spiel gebracht. Und ich bin mittlerweile offen für alles."
>
> > Auf Seite 133 im Anhang finden Sie Beispiel-Lösungen zu dieser Übung.

4.4.5 Informationen und Ratschläge geben

Die fünfte Kernkompetenz ist das **„Informationen und Ratschläge geben"**. Anders als bei den OARS wird dabei ein Input vom Therapeuten gegeben. Im Gegensatz zum expertenartigen Ratschläge geben kommt diese Kernkompetenz jedoch nur bei zuvor eingeholter Erlaubnis und in dosierter Form zum Einsatz. An dem Punkt wird erneut das Menschenbild (insbesondere Autonomie) und der Spirit (insbesondere Kooperation) deutlich.

> Wenn Informationen und Ratschläge gegeben werden, erfolgt dies nach dem Vorgehen
>
> 1. Nachfragen
> 2. Information geben und
> 3. erneut Nachfragen.

Das **erste Nachfragen** öffnet die Tür für die Bereitschaft zuzuhören. Mit dem **zweiten Nachfragen** holen wir den Patienten wieder „ins Boot", insbesondere für den Fall, dass die Information auf Unmut bzw. Reaktanz stößt. Im dann folgenden, kooperativen Gespräch können die oben genannten OARS erneut herangezogen werden.

Als **Quelle für die Information** an sich bieten sich *objektive Informationen* an, z. B.

- aus Studien,
- von objektiven Richtungsweisern (z. B. World Health Organization [WHO]; Deutsche Gesellschaft für Ernährung e. V. [DGE]),
- aus wissenschaftlich anerkannten Quellen oder auch
- individuelle bzw. personenbezogene Daten (z. B. persönliche Fragebogendaten oder Laborwerte), die in eine Normierung eingeordnet werden können.

Beispiel:

1. Therapeut: *„Wenn Sie möchten, kann ich Ihnen zum Thema risikoarmer Alkoholkonsum ein paar Infos geben. Möchten Sie dazu mehr wissen?"* (**Nachfragen**)
   Patientin: *„Ja, warum nicht? Deshalb bin ich ja eigentlich auch hier."*
2. Therapeut: *„Ok, gerne: Laut der Weltgesundheitsorganisation WHO liegt ein risikoarmer Alkoholkonsum für Frauen bei höchstens 16 g reinem Alkohol pro Tag. Das ist grob ein sogenanntes „Standardglas", beispielsweise ein kleines Bier oder ein Glas Wein. An mindestens zwei Tagen in der Woche sollte außerdem kein Alkohol getrunken werden.* (**Information geben**).
3. *Wie kommt Ihnen das vor?"* (**Nachfragen**)

Die Kernkompetenz „Informationen und Ratschläge geben" weist viele Parallelen zur klassischen Psychoedukation auf. Der Unterschied besteht maßgeblich in dem Rahmen um die Informationsvermittlung oder Psychoedukation herum (nämlich vorher Zustimmung des Patienten einholen und nachher Patienten wieder durch offene Fragen „ins Boot" holen). Außerdem ist der Umfang an Informationen und Ratschlägen im MI grundsätzlich eher gering.

4.5 Die Förderung von „Change Talk" im Motivational Interviewing

4.5.1 „Change Talk" und „Sustain Talk"

Der im MI angenommene Ambivalenz-Gedanke (Abschn. 4.2) äußert sich konkret in den Begriffen *„Change Talk"* und *„Sustain Talk"*. Diese meinen die vom Patienten geäußerten Argumente für die Veränderung bzw. gegen die Beibehaltung des Status quo („Change Talk") und gegen die Veränderung bzw. für die Beibehaltung des Status quo („Sustain Talk").

> **„Change Talk":** …bezeichnet die eine Seite der Ambivalenz und meint die vom Patienten geäußerten Argumente für eine Veränderung bzw. gegen eine Beibehaltung des Status quo.
>
> **„Sustain Talk":** …bezeichnet die andere Seite der Ambivalenz und meint die vom Patienten geäußerten Argumente gegen eine Veränderung bzw. für eine Beibehaltung des Status quo.

Hier eine Patienten-Aussage als Beispiel für „Change Talk" und „Sustain Talk":

„Change Talk"	„Sustain Talk"
„Ich merke schon, dass mir das Rauchen nicht guttut und ich körperlich abbaue."	„Ohne eine Zigarette stehe ich einen stressigen Arbeitstag einfach nicht durch."

Für den Therapeuten ist es zunächst wichtig, den „Change Talk" in den Aussagen seines Patienten zu erkennen, weil er der Schlüssel zu den intrinsischen Motiven für die Veränderung ist. Nicht immer ist er klar ersichtlich, manchmal versteckt er sich auch in einem einzelnen Wort, im Tonfall oder in Mimik und Gestik.

> **Übung 7: „Change Talk" erkennen**
> In welchem Teil der Aussage erkennen Sie „Change Talk"?
>
> 1. „Heute Morgen war ich auch wieder zu spät auf der Arbeit. Von meinem Chef und den Kollegen habe ich einen abwertenden Blick geerntet. Da habe ich mir gedacht, dass ich es heute Abend mal ruhiger angehen lassen werde, um morgen besser aus dem Bett zu kommen und nicht wieder diesen Stress zu haben. Im Laufe des Tages hatte ich dann aber den Eindruck, dass ich es doch ganz gut hinbekomme und alles gar nicht so schlimm ist."

2. „Ich bin einfach ein bisschen chaotisch. Und das mag ich sogar an mir. Die anderen wollen mich alle verändern, aber ich möchte das gar nicht. Ich wäre nur gerne ein bisschen besser organisiert, was Termine angeht. Immer zu spät kommen ist doof. Ansonsten finde ich mein Chaos eher kreativ und daher positiv."
3. „Nein, natürlich finde ich es nicht gut, dass ich da handgreiflich geworden bin. Aber ich weiß mir in solchen Situationen, wenn ich provoziert werde, einfach nicht anders zu helfen."
4. „Wer schön sein will, muss nun mal leiden. Das war schon immer so. Ich bin für ein paar Opfer bereit, um gut auszusehen. Davon profitiere ich schließlich an anderer Stelle."
5. „Alle sagen mir, wie wichtig eine gute Ausbildung für das spätere Leben ist. Das nervt! Mittlerweile sogar so sehr, dass ich mich gar nicht mehr traue zuzugeben, dass ich auch Angst habe, was aus mir wird, wenn es so weitergeht."

> Auf Seite 133 im Anhang finden Sie Beispiel-Lösungen zu dieser Übung.

4.5.2 Vorbereitender und mobilisierender „Change Talk"

Miller und Rollnick (2015) unterscheiden den vorbereitenden und den mobilisierenden „Change Talk":

Vorbereitender „Change Talk": …bezeichnet ein offenkundiges Nachsinnen über die Veränderung.
   Er kann sich auf
- Wünsche („Ich würde mich gerne verändern."),
- Fähigkeiten („Ich könnte es schaffen, mich zu verändern."),
- Gründe („Es wäre für vieles gut, wenn ich mich verändern würde.") und / oder
- Notwendigkeiten („Es bleibt mir wohl nichts anderes übrig, als mich zu verändern.")

für die Veränderung beziehen.

Mobilisierender „Change Talk": …bezieht sich aufs zunehmend angedachte Handeln in Richtung der Veränderung.
   Er kann sich in
- Selbstverpflichtungssprache („Ich möchte mich verändern."),
- Aktivierungssprache („Ich will mich verändern.") und / oder
- Erläuterungen unternommener Schritte („Ich habe bereits etwas getan, was in Richtung der Veränderung geht.") äußern.

Da die Übergänge zwischen vorbereitendem und mobilisierenden „Change Talk" fließend sind, ist eine Unterscheidung nicht immer einfach. Sofern der „Change Talk" erkannt und gefördert (Abschn. 4.5.3) wird, ist eine falsche Klassifikation auch nicht zwangsweise von gravierenden Konsequenzen gefolgt. Nichtsdestotrotz kann die Unterscheidung nützlich sein, um zu bemerken, ob ein Patient schon für die Handlung bereit ist oder noch über die Entscheidung nachsinnt. Macht der Therapeut schneller den ersten Schritt in Richtung Veränderung als der Patient, kann dies zu Reaktanz führen.

> **Übung 8: „Change Talk"-Unterformen unterscheiden**
> Welche Art von „Change Talk" (vorbereitender oder mobilisierender) sehen Sie hier?
>
> 1. „Ich bin fest entschlossen, endlich regelmäßig Sport zu treiben. Ich möchte nicht noch unfitter werden und werde jetzt die Reißleine ziehen."
> 2. „Manchmal denke ich, es wäre besser, wenn ich mit dem Rauchen aufhören würde. Ich bin doch zunehmend angeschlagen."
> 3. „So kann es nicht mehr weitergehen! Ständig streite ich mich mit meiner Partnerin."
> 4. „Ich werde mir jetzt endlich einen neuen Job suchen. Gestern habe ich bereits die Stellenanzeigen durchgeschaut und zwei passen eigentlich ganz gut."
> 5. „Ich wünschte, ich könnte einfach eine bessere Mutter sein. Eine, die viel gelassener und ruhiger mit ihren Kindern ist und nicht ständig einen Wutanfall bekommt."
>
> \> Auf Seite 133 im Anhang finden Sie Beispiel-Lösungen zu dieser Übung.

4.5.3 „Change Talk" fördern

Ein zentrales Ziel im MI ist es, den „Change Talk" zu evozieren bzw. zu fördern. Die Forschung hat gezeigt, dass eine Verhaltensänderung wahrscheinlicher wird, wenn der „Change Talk" zu- und der „Sustain Talk" abnimmt. Von großer Bedeutung ist dabei, dass nicht der Therapeut den „Change Talk" spricht, sondern ihn lediglich anregt bzw. „groß macht". Dafür können die OARS bzw. insbesondere die offenen / evokativen Fragen genutzt werden. Im naheliegendsten Fall wird mit der Frage direkt an die Aussage angeknüpft:

Beispiel:

- Patient: *„Ich merke schon, dass mir das Rauchen nicht guttut und ich körperlich abbaue. Aber ohne eine Zigarette stehe ich einen stressigen Arbeitstag einfach nicht durch."*
- Therapeut: *„Woran merken Sie, dass Ihnen das Rauchen nicht guttut und Sie körperlich abbauen?"*

Häufig eignet sich insbesondere die Kombination aus einer (zweiseitigen oder beidseitigen) Reflexion und einer offenen, evokativen Frage zur Förderung bereits geäußerten „Change Talks". Bei einer zweiseitigen Reflexion werden beide Seiten der Ambivalenz – z. B. verbunden durch ein „einerseits, andererseits" oder ein „und gleichzeitig" – gespiegelt.

Beispiel:

- Patient: *„Ich merke schon, dass mir das Rauchen nicht guttut und ich körperlich abbaue. Aber ohne eine Zigarette stehe ich einen stressigen Arbeitstag einfach nicht durch."*
- Therapeut: *„Auf der einen Seite hilft Ihnen das Rauchen. Auf der anderen Seite belastet es Sie. (zweiseitige Reflexion) Woran genau merken Sie, dass es Sie belastet? (Förderung von „Change Talk")"*

Übung 9: „Change Talk" fördern
Formulieren Sie offene bzw. evokative Fragen (ggf. mit vorgeschalteter Reflexion), welche den „Change Talk" in den folgenden Patienten-Aussagen fördern!

1. „Heute Morgen war ich auch wieder zu spät auf der Arbeit. Von meinem Chef und den Kollegen habe ich einen abwertenden Blick geerntet. Da habe ich mir gedacht, dass ich es heute Abend mal ruhiger angehen lassen werde, um morgen besser aus dem Bett zu kommen und nicht wieder diesen Stress zu haben. Im Laufe des Tages hatte ich dann aber den Eindruck, dass ich es doch ganz gut hinbekomme und alles gar nicht so schlimm ist."
2. „Ich bin einfach ein bisschen chaotisch. Und das mag ich sogar an mir. Die anderen wollen mich alle verändern, aber ich möchte das gar nicht. Ich wäre nur gerne ein bisschen besser organisiert, was Termine angeht. Immer zu spät kommen ist doof. Ansonsten finde ich meine Chaos eher kreativ und daher hilfreich."
3. „Nein, natürlich finde ich es nicht gut, dass ich da handgreiflich geworden bin. Aber ich weiß mir in solchen Situationen, wenn ich provoziert werde, einfach nicht anders zu helfen."
4. „Wer schön sein will, muss nun mal leiden. Das war schon immer so. Ich bin für ein paar Opfer bereit, um gut auszusehen. Davon profitiere ich schließlich an anderer Stelle."
5. „Alle sagen mir, wie wichtig eine gute Ausbildung für das spätere Leben ist. Das nervt! Mittlerweile sogar so sehr, dass ich mich gar nicht mehr traue, zuzugeben, dass ich auch Angst habe, was aus mir wird, wenn es so weitergeht."

> Auf Seite 134 im Anhang finden Sie Beispiel-Lösungen zu dieser Übung.

4.5 Die Förderung von „Change Talk" im Motivational Interviewing

Während sich die Förderung des vorbereitenden „Change Talks" eher müßig gestaltet, wird es beim mobilisierenden „Change Talk" häufig einfacher. Wichtig ist, dass der Therapeut nicht voreilig mobilisierenden „Change Talk" evozieren will, wenn der Patient noch nicht bereit dafür ist. Im besten Fall holt die „Change Talk"-fördernde Frage den Patienten „dort ab, wo er steht", ohne schon einen Schritt voraus zu sein, aber auch nicht viel zu weit dahinterbleibend.

> **Übung 10: „Change Talk"-Unterformen fördern**
> Formulieren Sie an die Art des „Change Talk" (also vorbereitend oder mobilisierend) angepasste offene bzw. evokative Fragen!
>
> 1. „Ich bin fest entschlossen, endlich regelmäßig Sport zu treiben. Ich möchte nicht noch unfitter werden und werde jetzt die Reißleine ziehen."
> 2. „Manchmal denke ich, es wäre besser, wenn ich mit dem Rauchen aufhören würde. Ich bin doch zunehmend angeschlagen."
> 3. „So kann es nicht mehr weitergehen! Ständig streite ich mich mit meiner Partnerin."
> 4. „Ich werde mir jetzt endlich einen neuen Job suchen. Gestern habe ich bereits die Stellenanzeigen durchgeschaut und zwei passen eigentlich ganz gut."
> 5. „Ich wünschte, ich könnte einfach eine bessere Mutter sein. Eine, die viel gelassener und ruhiger mit ihren Kindern ist und nicht ständig einen Wutanfall bekommt."
>
> > Auf Seite 134 im Anhang finden Sie Beispiel-Lösungen zu dieser Übung.

4.5.4 „Confidence Talk" – eine spezielle Art von „Change Talk"

Eine Unterrubrik des „Change Talk" stellt der sogenannte „Confidence Talk" dar. Er bezieht sich auf die Fähigkeiten, die der Patient an sich selbst wahrnimmt. Die Idee des „Confidence Talk" weist starke Parallelen zu Banduras Selbstwirksamkeits-Konzept auf.

Beispiel-Aussagen:

1. „Ich habe es schonmal geschafft, mir so eine blöde Eigenschaft abzugewöhnen." (vorbereitender „Chance Talk")
2. „Eigentlich bin ich zuversichtlich, dass ich das hinbekomme." (Übergang zwischen vorbereitendem und mobilisierendem „Change Talk")
3. „Solche Hindernisse sind frustrierend, aber ich kann das trotzdem und werde das bewältigen." (mobilisierender „Change Talk")

„Confidence Talk" sollte genau wie „Change Talk" gefördert werden, um die eigenen Fähigkeiten salienter zu machen bzw. die Selbstwirksamkeit zu verbessern. Wie auch in Erwartungs-mal-Wert-Modellen postuliert, wird so die Wahrscheinlichkeit für das Aktivwerden im Sinne der Veränderung erhöht. Für die Förderung von „Confidence Talk" gelten grundsätzlich die gleichen Regeln wie für den „Change Talk", also Einsatz der OARS und insbesondere evokative Fragen stellen. Das könnte für die Beispiel-Aussagen folgendermaßen aussehen:

Beispiel-Reaktionen:

1. „Wie haben Sie es denn in dem Fall geschafft, sich die Eigenschaft abzugewöhnen?"
2. „Was macht Sie zuversichtlich, dass Sie das hinbekommen?"
3. „Welche Fähigkeit werden Sie nutzen? Wie werden Sie das bewältigen?"

4.5.5 Weitere Möglichkeiten, um „Change Talk" zu fördern

Abgesehen von den evokativen Fragen, die unmittelbar an Aussagen anknüpfen, können weitere offene Fragen herangezogen werden, um den „Change Talk" zu eröffnen. Diese Fragen bieten sich teilweise auch dann an, wenn kein klarer Hinweis auf Argumente für die Veränderung bzw. gegen den Status quo genannt werden. Hier finden Sie zum Überblick einen stichwortartigen Auszug dieser Möglichkeiten, denen man sicherlich auch jeweils ein ganzes Kapitel oder mehr widmen könnte:

Skalierungsfragen (z. B. „Auf einer Skala von 0 bis 10, wie wichtig ist Ihnen da eine Veränderung der aktuellen Situation?").

Extrementwicklungen erfragen (z. B. „Wenn Sie so weitermachen wie bisher, was wären Ihre schlimmsten Befürchtungen?").

Rückschau auf die Zeit vor dem Problem (z. B. „Wie war es denn früher, als Sie mit dem Thema ... noch keine Probleme hatten?").

Vorschau in eine Zukunft, in der sich alles zum Positiven gewendet hat oder alles gleichgeblieben ist (z. B. „Wenn Ihr Problem in einem Jahr verschwunden wäre, wie würden Sie einen solchen Tag dann nutzen?" oder „Wie würde Ihr Leben in einem Jahr aussehen, wenn Sie alles beim Alten belassen würden?").

Nach Zielen und Werten fragen und diese mit dem Status quo vergleichen (z. B. „Wo möchten Sie in Ihrem Leben eigentlich hin? Und wie passt das mit der aktuellen Situation zusammen?").

4.5.6 Welche Seite ist der „Change Talk"?

Bei bestimmten Themen ist die „Change Talk"-Seite im Gegensatz zum „Sustain Talk" recht klar. So ist z. B. durch die Diagnose vorgegeben, dass eine Alkoholabhängigkeit,

4.5 Die Förderung von „Change Talk" im Motivational Interviewing

eine Essstörung oder bestimmte schädliche Verhaltensweisen als „nicht gesund" definiert sind. Argumente für den Alkoholkonsum, das ungesunde Essverhalten oder die schädliche Verhaltensweise sind damit klar als „Sustain Talk" bestimmbar, während Argumente dagegen „Change Talk" darstellen. Andere Aspekte sind durch die aktuelle Rechtlage als „nicht rechtens" klassifiziert. Deshalb ist ebenfalls klar, in welche Richtung der „Change Talk" bei z. B. Kindeswohlgefährdung oder Suizidalität (Hinweis hinsichtlich Suizidalität: Diesbezüglich ändert sich die Rechtslage möglicherweise gravierend in der nächsten Zeit.) geht. Im Gesundheitssystem geht es also darum, Patienten zu heilen; im Rechtsystem sollen Menschen wieder auf den „rechten Weg" zurückgeführt werden.

Beispiel Essstörung (Bulimie):	
Der „Change Talk" ist durch die Diagnose vorgegeben	
„Sustain Talk" (soll *nicht* gefördert werden)	**„Change Talk"** (soll gefördert werden)
„Die Bulimie kann so einiges, wofür ich ihr dankbar bin: Ich kann mich abends gehen lassen, ohne Gewicht zuzunehmen, und bekomme alle Komplimente auch weiterhin. Sie füllt mir einen leeren, einsamen Abend aus, wenn die anderen keine Zeit für mich haben. Sie bietet mir auch oft eine Belohnung nach einem anstrengenden Tag…"	„…aber es gibt natürlich auch immer wieder Momente, in denen ich die Bulimie wirklich hasse und mir bewusst wird, was sie mir alles kaputt macht: Meine körperliche und psychische Gesundheit, meine Träume von einer Zeit im Ausland, meine Zukunftspläne von einer Familie mit Kindern… Und dann weiß ich, dass ich sie eigentlich loswerden will."
→ *Keine* Förderung, stattdessen „Umgang mit Sustain Talk" (s. u.), z. B.: „Sie haben mit der Bulimie eine Lösung für viele Ihrer Probleme gefunden." (Würdigung) „Die Bulimie ist eine große Hilfe für Ihr Leben." (Reflexion)	→ Förderung durch evokative / offene Fragen, z. B.: „Inwiefern macht die Bulimie Ihre Träume von einer Zeit im Ausland kaputt?" „Wieso wissen Sie dann, dass Sie die Bulimie eigentlich loswerden wollen?"
Beispiel Kindeswohlgefährdung:	
Der „Change Talk" ist durch die Rechtslage vorgegeben	
„Sustain Talk" (soll *nicht* gefördert werden)	**„Change Talk"** (soll gefördert werden)
„Manchmal raste ich dann einfach aus. Und dann sind es halt die Kinder, die da sind und das abkriegen. Erst recht, wenn sie auch noch Probleme machen. Wenn ich doch eh schon gereizt bin, sollten sie das auch besser wissen."	„Später fühle ich mich richtig mies und denke daran, wie schrecklich das früher für mich bei meinem Vater war – und dass ich jetzt genauso ein Monster bin, wie ich es nie werden wollte."
→ *Keine* Förderung, stattdessen „Umgang mit Sustain Talk" (s. u.), z. B.: „Sie wissen sich dann einfach nicht anders zu helfen." (Würdigung) „Sie denken, dass Ihre Kinder es eigentlich besser wissen müssten." (Reflexion)	→ Förderung durch evokative / offene Fragen, z. B.: „Warum fühlen Sie sich hinterher mies?" „Wieso wollten Sie kein solches ‚Monster' wie Ihr Vater werden?"

Wie dem Beispiel zu entnehmen ist, wird der „Change Talk" wie bereits bekannt gefördert (Abschn. 4.5.3). Der „Sustain Talk" wird dagegen *nicht* weiter mit offenen / evokativen Fragen vertieft. Stattdessen wird darauf mit den übrigen OARS wie beispielsweise mit Reflexionen oder Würdigungen reagiert (weiteres zum Umgang mit „Sustain Talk" siehe Abschn. 4.6).

Wir können also festhalten, dass die zu fördernde „Change Talk"-Seite insbesondere vorgegeben wird durch:

- *Diagnosen* (nämlich Argumente *für* die Heilung bzw. Argumente *gegen* die Krankheit)
- *Gesetze* (nämlich in Konformität mit den gesetzlichen Regelungen stehende Argumente bzw. Argumente *gegen* ein Konfligieren mit den Gesetzen)

Nicht immer ist es so offensichtlich, welche Seite der förderungswürdige „Change Talk" ist. Bei vielen Themen bedarf es einer therapeutisch *neutralen Haltung*. Beispiele dafür sind:

- Zwischenmenschliche Probleme (z. B. mehr Abgrenzung oder Selbstbehauptung).
- Partnerschaftsprobleme (z. B. Trennung ja oder nein).
- Werteorientiertes Leben (z. B. umweltfreundlicher leben).
- Berufliche Probleme (z. B. Kündigung ja oder nein).
- Medizinische Eingriffe ohne klare Indikation (z. B. Operation als eine mögliche Behandlungsoption durchführen lassen ja oder nein).

Im MI wird bei solchen Themen – und übrigens auch in den Fällen, wo eine Diagnose gegeben oder ein Gesetzeskonflikt vorliegt – die „Change Talk"-Seite während des Prozesses der „Fokussierung" definiert (siehe Abschn. 4.3). Wie die anderen Prozesse auch ist dies nicht der Hauptfokus des vorliegenden Buches. Der Prozess der Fokussierung dient der Zielfindung und ist „der fortlaufende Prozess, eine Richtung zu finden und ihr zu folgen." (S. 118; Miller & Rollnick, 2015) Therapeut und Patient benennen dabei indirekt die „Change Talk"-Seite und einigen sich damit auch darauf, welche Argumente dem „Sustain Talk" zuzuordnen sind.

Beispiel zwischenmenschliche Probleme: Ziel: „Ich möchte mich besser abgrenzen können."	
„Sustain Talk" (soll *nicht* gefördert werden)	„Change Talk" (soll gefördert werden)
„Ich möchte es meinen Freundinnen für die Party dann schon gerne recht machen und sie halt unterstützen. Sie sind mir schließlich nicht egal. Und wenn sie Stress haben, tut mir das auch leid…"	„…Aber ich habe direkt gemerkt, wie sich bei mir wieder alles zusammengezogen hat und ich daran dachte, dass es sowieso mit der Kinderbetreuung und Arbeit alles zu viel ist. Da soll lieber jemand anders den Kuchen und Salat machen. Ich möchte mir die Zeit eigentlich nicht auch noch von meinem wenigen Schlaf abknapsen müssen."

4.5 Die Förderung von „Change Talk" im Motivational Interviewing

→*Keine* Förderung, stattdessen „Umgang mit Sustain Talk" (s. u.), z. B.: „Sie geben sich viel Mühe, eine gute Freundin zu sein." (Würdigung) „Ihre Freundschaften sind Ihnen wichtig." (Reflexion)	→Förderung durch evokative / offene Fragen, z. B.: „Was ging Ihnen durch den Kopf, als sich bei Ihnen alles zusammengezogen hat und Sie an die Kinderbetreuung und Arbeit gedacht haben?" „Woran merken Sie, dass der ausreichende Schlaf wichtig für Sie ist?"

An der Stelle sei zusätzlich angemerkt, dass es auch sogenannte **Klärungsziele** gibt. Bei einigen der oben genannten Beispiele geht es um eine Entscheidung (ja oder nein). In diesen Fällen bleibt demnach bis zur Entscheidung bzw. abgeschlossenen Klärung unklar, welche Argumente der „Change Talk" bzw. „Sustain Talk" sind. Beide Richtungen sollten dementsprechend offen exploriert werden. Miller und Rollnick (2015) empfehlen in dem Fall eine „Entscheidungs-Waage", eine Art Pro-Contra-Liste mit den Argumenten für bzw. gegen die Entscheidung und für bzw. gegen den Status quo.

Man könnte das klassische MI-Vorgehen darüber hinaus insofern übertragen, als dass jeder Schritt in Richtung Klärung der Thematik der „Change Talk" ist und alle weiteren Schritte, die zu *keiner* Klärung beitragen, der „Sustain Talk" sind.

Beispiel berufliche Probleme:	
Ziel: „Ich möchte klären, ob ich in meinem Job bleiben möchte oder mich lieber beruflich umorientiere."	
„Sustain Talk" (soll *nicht* gefördert werden)	**„Change Talk"** (soll gefördert werden)
„Auch abgesehen von meinem Job ist in der letzten Woche viel passiert. Bei meinem besten Kumpel war einiges los, meine Mutter hatte Geburtstag und dann hatten wir auch noch einen Wasserrohrbruch…"	„…Was den Job angeht, bin ich dagegen immer noch nicht schlauer geworden. Das aktuelle Projekt langweilt mich immernoch. Die Kollegen sind aber weiterhin nett so dass ich mich von der Arbeitsatmosphäre her wohl fühle."
→*Keine* Förderung, stattdessen „Umgang mit Sustain Talk" (s. u.), z. B.: „Es kostet Sie momentan viel Energie, allem in Ihrem Leben gerecht zu werden." (Würdigung) „Es gab in der letzten Woche vieles abgesehen von unserem Thema hier, was Sie beschäftigt hat und wo Sie auch Redebedarf zu haben." (Reflexion)	→Förderung durch evokative / offene Fragen, z. B.: „Was an dem aktuellen Projekt langweilt Sie genau?" „Was an Ihren Kollegen finden Sie nett?"

4.5.7 Übung: Förderung von „Change Talk" im Gespräch

Vor dem Gespräch
Gestalten Sie nun ein Gespräch durch reflektierendes Zuhören (wie unter Abschn. 4.4.3.4) und greifen Sie darüber hinaus aufkommenden „Change Talk" auf! Sie können inhaltlich auf dem Rollenspiel aus Abschn. 4.4.3.4 aufbauen, z. B. indem Sie erneut von vorne einsteigen. Nehmen Sie sich jeweils etwa 15 Minuten Zeit und tauschen Sie später für einen weiteren Durchgang! Pausieren Sie das Rollenspiel – wenn es hilfreich erscheint – zwischenzeitig, um sich kurz zu beratschlagen, wie es weitergehen könnte!

Therapeut Explorieren Sie die Situation der vor Ihnen sitzenden Person durch reflektierendes Zuhören! Greifen Sie behutsam „Change Talk" auf und fördern Sie ihn, wenn Sie ihn hören! Spiegeln Sie durch das reflektierende Zuhören insbesondere Ambivalenzen (gerne zweiseitig) wider! Versuchen Sie durch das zweiseitige Widerspiegeln, sensibel den „Change Talk" zu eröffnen!
Starten Sie mit einem der folgenden Sätze:
„*Was führt Sie heute hierher?*" oder „*Wie kann ich Ihnen weiterhelfen?*"

Patient Inhaltlich bietet sich für die Patienten-Seite erneut ein niederschwelliges, eigenes Thema an, bei dem Sie gewisse Ambivalenzen aufweisen (siehe Beispiele unter Abschn. 4.4.3.4). Gerne können Sie das im letzten Rollenspiel gewählte Thema erneut aufgreifen.
Machen Sie es Ihrem Gegenüber auch dieses Mal nicht zu schwer! Zeigen Sie sich aufgeschlossen für die Exploration im Gespräch sowie offen für die Förderung von „Change Talk"!

Nach dem Gespräch
Tauschen Sie sich im Anschluss an das Rollenspiel über folgende Fragen aus:

Wohlbefinden während des Gesprächs

Wie wohl haben Sie sich jeweils in Ihren Rollen während des Gesprächs gefühlt?

•───•
0 %   100 %
(habe mich gar nicht wohl gefühlt)   (habe mich absolut wohl gefühlt)

- Was lief gut? Also was macht den auf der visuellen Analogskala markierten Wert aus?
- Was lief vielleicht nicht so gut? Also was macht den bis 100 % fehlenden Wert auf der visuellen Analogskala aus?

Umsetzung reflektierendes Zuhören

Wie gut ist das reflektierende Zuhören gelungen?

•————————————————————————•
0 %   100 %
(hat gar nicht geklappt)   (hat perfekt geklappt)

- Was macht den auf der visuellen Analogskala markierten Wert aus?
  Also was macht den Anteil aus, der gut gelaufen ist?
- Was macht den bis 100 % fehlenden Wert auf der visuellen Analogskala aus?
  Also worin bestand das Problem an den Stellen, wo es nicht gelungen ist?

Umsetzung der Förderung von „Change Talk"

Wie gut ist die Förderung von „Change Talk" gelungen?

•————————————————————————•
0 %   100 %
(hat gar nicht geklappt)   (hat perfekt geklappt)

- Was macht den auf der visuellen Analogskala markierten Wert aus?
  Also was macht den Anteil aus, der gut gelaufen ist?
- Was macht den bis 100 % fehlenden Wert auf der visuellen Analogskala aus?
  Also worin bestand das Problem an den Stellen, wo es nicht gelungen ist?

Fazit der Übung
- Was sollte ich in der Therapeuten-Rolle so beibehalten?
- Woran sollte ich weiterarbeiten?
- Machen Sie ggf. einen weiteren Wiederholungs-Durchlauf!

4.6 Der Umgang mit Widerstand im Motivational Interviewing

4.6.1 „Sustain Talk" und „Dissonanz"

Der Begriff des „Widerstands" wurde in der dritten Auflage des MI (Miller & Rollnick, 2015) durch die Begriffe *„Sustain Talk"* und *„Dissonanz"* ersetzt. „Sustain Talk" meint dabei die eine Seite der Ambivalenz, nämlich die Argumente des Patienten *gegen* die Veränderung und *für* die Beibehaltung des Status quo. Dissonanz geht darüber insofern hinaus, als dass es nicht (mehr) nur um die reinen Argumente geht, sondern um ein Interaktionsproblem und somit einen Bruch im therapeutischen Arbeitsbündnis. Dies kann sich im Sinne von Schulz von Thun (Abschn. 3.3) insbesondere auf den anderen Ebenen als der Sachinhalts-Ebene äußern und im Sinne von Watzlawik (Abschn. 3.2) besonders über analoge Kommunikation vermittelt werden. Die Übergänge zwischen „Sustain Talk" und Dissonanz sind abermals wie so oft fließend.

„Sustain Talk"	Dissonanz
„Ohne eine Zigarette stehe ich einen stressigen Arbeitstag einfach nicht durch."	„Sie können doch gar nicht nachvollziehen, wie schwierig es für mich ist, einen stressigen Arbeitstag ohne eine Zigarette durchzustehen."
„Ich sehe das Rauchen momentan als meine einzige Möglichkeit, mit dem Stress auf der Arbeit klarzukommen."	„Ich werde mir von Ihnen nicht meine einzige Möglichkeit, nämlich mit Rauchen einen stressigen Arbeitstag durchzustehen, nehmen lassen."

4.6.2 Der „Korrektur-Reflex"

„Sustain Talk" und Dissonanz lösen bei uns Menschen schnell den von Miller und Rollnick (2015) beschriebenen *„Korrektur-Reflex"* aus. Der „Korrektur-Reflex" („Righting Reflex") beschreibt die reflexartige Reaktion in einem Gespräch, eine als dysfunktional eingeschätzte Äußerung (z. B. eine benannte Einstellung oder Verhaltensweise) richtig stellen zu wollen. Typischerweise zeigt sich der „Korrektur-Reflex" in Gegenargumenten, Auflistungen von Nachteilen, gut gemeinten Ratschlägen (nach denen nicht gefragt wurde) oder Suggestivfragen bzw. rhetorischen Fragen (geschlossenen Fragen). Man könnte auch von „Kommunikationssperren" sprechen, die in eine bestimmte Richtung lenken wollen und dabei eine andere Richtung „versperren". Dies löst häufig Reaktanz bei unserem Gegenüber aus.

> **Der „Korrektur-Reflex"**
> …ist eine reflexartige Reaktion in einem Gespräch, eine als dysfunktional eingeschätzte Äußerung richtig stellen zu wollen.
> Typische Reaktionen auf den Korrektur-Reflex sind „Kommunikationssperren" wie
>
> - Gegenargumente,
> - Auflistungen von Nachteilen,
> - gut gemeinte Ratschläge (nach denen nicht gefragt wurde) oder
> - Suggestivfragen bzw. rhetorische Fragen (geschlossene Fragen).

Beispiele für den dysfunktionalen „Korrektur-Reflex":

- Patient: *„So doof das auch ist: Ich brauche das Kiffen abends halt, um nach der Uni runterzukommen."*
  - Reaktion der Therapeutin: *„Aber Sie merken am Morgen danach ja auch immer, dass Sie nicht gut aus dem Bett kommen und es deshalb nicht pünktlich zur Uni schaffen. Wollen Sie das denn wirklich weiter riskieren?"*
- Patient: *„Klar wäre es gut, sich mehr zu bewegen. Aber für Sport fehlt mir mit meinem Job und zwei kleinen Kindern einfach die Zeit."*
  - Reaktion des Therapeuten: *„Man hat ja in der Regel für das Zeit, wofür man sich Zeit nimmt. Vielleicht sollten Sie die Prioritäten anders setzten!"*
- Patientin: *„Ich habe so viel für die Beziehung mit meinem Mann investiert. Jetzt ist er mal dran. Er muss auch irgendwann merken, dass ich mir nicht mehr alles gefallen lasse."*
  - Reaktion der Therapeutin: *„Meinen Sie nicht, dass Sie jetzt vielleicht etwas sehr streng mit Ihrem Mann sind? Sie haben ja bestimmt beide Fehler gemacht. Manchmal muss man dann auch verzeihen können."*

Der „Korrektur-Reflex" entspricht *nicht* einem Vorgehen nach MI. Häufig bewirkt er nicht den gewünschten Effekt des Ausübenden, nämlich den „Change Talk" zu evozieren. Stattdessen wird zumeist das Gegenteil erreicht und der „Sustain Talk" gefestigt, da die andere Person beginnt sich zu rechtfertigen. Auch Dissonanz kann so leicht ausgelöst werden.

> Die intuitive Reaktion des „Righting Reflex" kann von einem Therapeuten durchaus im Sinne des Patienten gemeint sein, jedoch hat sie häufig den gegenteiligen Effekt und festigt den „Sustain Talk". Der Einsatz entspricht deshalb *nicht* dem MI.

Deshalb wird im MI ein anderes Vorgehen gewählt, was zunächst etwas kontraintuitiv erscheinen mag. Jedoch ist es insbesondere bei Patienten mit einer geringen Änderungsbereitschaft bzw. stark ausgeprägter Ambivalenz häufig die bessere Alternative. In der folgenden Tabelle ist ein Vergleich beider Vorgehensweisen aufgelistet.

Ausgangs-Situation: Patient mit körperlichen Problemen aufgrund von Bewegungsmangel berichtet: „Klar wäre es gut, sich mehr zu bewegen. Aber für Sport fehlt mir mit meinem Job und zwei kleinen Kindern einfach die Zeit."

„Korrektur-Reflex"-Vorgehen	Alternatives MI-Vorgehen
„Man hat ja in der Regel für das Zeit, wofür man sich Zeit nimmt. Vielleicht sollten Sie die Prioritäten anders setzten?!" „Ich nehme mir aber eigentlich nur Zeit für meine Pflichten. Bei Arbeit und Kindern kann ich die Prioritäten schlecht anders setzen." *„Vielleicht müssen Sie sich dafür noch mehr bewusstmachen, wie wichtig Sport für Ihre Gesundheit ist."* „Das ist mir bewusst. Aber dass das Geld reinkommt und dass die Kinder versorgt sind, ist schließlich auch wichtig!" *„Aber vielleicht sollten Sie Ihre Gesundheit lieber nicht auf's Spiel setzen! Die lässt sich am Ende schlecht kaufen."* „Das stimmt natürlich. Aber einen neuen Job findet man ehrlich gesagt auch nicht so leicht. Und mit den Kindern ist der Zug in ein paar Jahren eh abgefahren. Wenn ich mich jetzt nicht ausreichend um sie kümmere, ist später auch nichts mehr zu retten." *„Ich glaube, Sie haben den Ernst der Lage noch nicht richtig verstanden. Weder Ihre Chefin noch Ihre Kinder haben etwas von einer Mutter, die körperlich immer mehr abbaut."* „So schlimm ist es ja nun auch nicht. Ich kann mich eigentlich noch ganz gut bewegen und auch die Knieschmerzen waren in den letzten Tagen gar nicht mehr so schlimm." *„Meinen Sie wirklich, dass es nicht notwendig ist, etwas zu verändern?"* „Wenn es mir in ein paar Jahren schlechter geht, kann ich da immer noch mal drüber nachdenken. Dann sind meine Kinder auch älter und im Job sieht's vielleicht auch anders aus…"	*„Sie würden eigentlich gerne etwas ändern. Sie haben aber das Gefühl, dass Sie an Ihrer Situation nichts ändern können."* (Reflexion) „Ja, es ist wirklich schwierig, als berufstätige Mutter alles unter einen Hut zu bekommen. Man reißt sich jeden Tag ein Bein aus – und keiner merkt's!" *„Sie geben jeden Tag alles, um den Anforderungen, die an Sie gestellt werden, gerecht zu werden."* (Würdigung) „Tja, wenn meine Chefin und meine Kinder das auch mal merken würden, wäre das schön." *„Sie würden sich wünschen, dass andere Ihre Anstrengungen mehr wertschätzen."* „Auf jeden Fall! Sie merken ja: Meine Aufopferung geht sogar so weit, dass ich meine eigene Gesundheit vernachlässige." *„Einerseits würden Sie also gerne etwas für Ihre Gesundheit tun und sie nicht vernachlässigen. Andererseits sehen Sie gerade keine Möglichkeit, den anderen Aufgaben dann noch gerecht zu werden."* (Resümee oder zweiseitige Reflexion) „Ja, so sieht's aus!" *„Warum würden Sie gerne mehr für Ihre Gesundheit tun?"* (offene Frage / Förderung von „Change Talk") „Naja, ich merke halt die Folgen. Durch die Gewichtszunahme und die wenige Bewegung bin ich sofort aus der Puste. Meine Knie tun auch immer mehr weh. Das ist echt Mist…" *„Sie merken, dass Sie körperlich immer schlechter in Form sind."* (Reflexion) „Ja, das nimmt tatsächlich zu. Und davon haben auch meine Kinder am Ende nichts. Für meine Chefin ist es auch letztlich doof, wenn ich mich krankschreiben muss. Ich sollte echt mal mit ihr sprechen…"

Während sich im „Korrektur-Reflex"-Fall der „Sustain Talk" eher verhärtet, entwickelt sich das alternative Vorgehen vom „Sustain Talk" weg zum „Change Talk". Zusätzlich ist das MI-Vorgehen deutlich beziehungsstiftender als das – in Ansätzen sogar zu Dissonanz führende – „Korrektur-Reflex"-Vorgehen.

4.6.3 Umgang mit „Sustain Talk" und „Dissonanz"

Wie dem Beispiel oben zu entnehmen ist, wird im MI-Vorgehen maßgeblich mit unterschiedlichen Formen der Reflexion gearbeitet. Da Reflexionen häufig Parallelen zum Resümee und zur Würdigung aufweisen, kann man vereinfacht sagen, dass die OARS weitestgehend eine geeignete Reaktion auf „Sustain Talk" und Dissonanz darstellen. Ausgenommen davon sind die offenen Fragen, welche im MI grundsätzlich nicht als Reaktion auf „Sustain Talk" oder Dissonanz empfohlen werden.

Offene Fragen bzw. die Förderung von „Change Talk" kann ggf. in einem weiteren Schritt zum Tragen kommen, jedoch nicht als direkte Reaktion auf „Sustain Talk" und Dissonanz. Es sei an dieser Stelle kurz angemerkt, dass die von Rogers beschriebene therapeutische Haltung (Abschn. 3.1) bzw. der im MI definierte Spirit als Grundlage derartige Fehler verzeihen lässt und es sich nicht um ein rein technisches Vorgehen handelt.

Übung 11: Auf „Sustain Talk" und „Dissonanz" reagieren
Formulieren Sie Reflexionen oder Würdigungen als Reaktion auf die genannten „Sustain Talk"- bzw. Dissonanz-Äußerungen!

1. Patient: „So schlimm ist das mit dem Kiffen nun auch wieder nicht. In den meisten Fällen ist das völlig ungefährlich im Gegensatz zu anderen Drogen."
2. Patient: „Sie meinen, ich soll weniger arbeiten? Versuchen Sie mal, das in meinem Job hinzukriegen! Da sind Sie sofort weg vom Fenster."
3. Patient: „Ich schaffe es eh nicht, pünktlich zu sein."
4. Patient: „Jetzt mal im Ernst: Das klingt ja sehr vorbildlich, aber das macht doch keiner wirklich so."
5. Patient: „Ich glaube nicht, dass ich mich zu der Aufgabe aufraffen kann. Abgesehen von dem einen Mal hat es ja schließlich nie geklappt".

> Auf Seite 134 im Anhang finden Sie Beispiel-Lösungen zu dieser Übung.

Ein Hauptziel im MI liegt wie bereits erläutert in der Evokation von „Change Talk", um Veränderungen in Gang zu bringen. Um den „Change Talk" zu eröffnen, bieten sich insbesondere zweiseitige Reflexionen als Reaktion auf „Sustain Talk" und Dissonanz an. Dies ist allerdings nur möglich, wenn sich zumindest ein Hauch von „Change Talk" in der Patienten-Aussage versteckt. Danach kann auch außerhalb des sachlichen Anteils einer Aussage im Sinne von Watzlawik bzw. Schulz von Thun (Abschn. 3.2, 3.3) gesucht werden. Auch Tonfall, Gestik, Mimik und nicht Gesagtes können „Change Talk" darstellen.

- Patientin: „*Alle Mädels wollen doch schlank und erfolgreich sein. Ist doch klar, dass ich da noch weiter abnehmen will. Das hat halt seinen Preis.*"
- Therapeut: „*Einerseits möchtest du die Figur haben, die von vielen als perfekt gesehen wird. Andererseits ist das auch mit Kosten verbunden.* (zweiseitige Reflexion) *Was sind denn das für Kosten, die du in Kauf nimmst?*" (offene Frage / Förderung von „Change Talk").

> **Übung 12: Von „Sustain Talk" und Dissonanz in den „Change Talk" kommen**
> Formulieren Sie zweiseitige Reflexionen auf die genannten „Sustain Talk"- bzw. Dissonanz-Äußerungen und eröffnen Sie auf der Basis mit einer evokativen / offenen Frage den „Change Talk"!
>
> 1. Patient: „So schlimm ist das mit dem Kiffen nun auch wieder nicht. In den meisten Fällen ist das völlig ungefährlich im Gegensatz zu anderen Drogen."
> 2. Patient: „Sie meinen, ich soll weniger arbeiten? Versuchen Sie mal, das in meinem Job hinzukriegen! Da sind Sie sofort weg vom Fenster."
> 3. Patient: „Ich schaffe es eh nicht, pünktlich zu sein."
> 4. Patient: „Jetzt mal im Ernst: Das klingt ja sehr vorbildlich, aber das macht doch keiner wirklich so."
> 5. Patient: „Ich glaube nicht, dass ich mich zu der Aufgabe aufraffen kann. Abgesehen von dem einen Mal hat es ja schließlich nie geklappt".
>
> > Auf Seite 135 im Anhang finden Sie Beispiel-Lösungen zu dieser Übung.

Im MI wird also insbesondere mit Reflexionen und deren Abwandlungen auf „Sustain Talk" und Dissonanz reagiert. Grundsätzlich bieten sich die OARS außer den offenen Fragen an, um das Gespräch „geschmeidig" weiterlaufen zu lassen und nicht in einen Streit mit dem Patienten zu geraten.

> Grundsätzlich bieten sich insbesondere die Kernkompetenzen „Reflexionen" und „Würdigung", seltener „Resümee", als Reaktion auf „Sustain Talk" und Dissonanz an.
> „Offene Fragen" sind dagegen ungeeignet: Der „Sustain Talk" wird im MI nicht weiter evoziert.

Abgesehen davon werden im MI folgende konkrete Vorgehensweisen zum Umgang mit vorgeschlagen (ein Auszug):

Betonung der persönlichen Autonomie
Bei der Betonung der persönlichen Autonomie wird in gewisser Weise der MI-Spirit bzw. das Menschenbild expliziert und dem Patienten verdeutlicht, dass die Entscheidung bei ihm liegt. So wird der Freiraum wieder hergestellt und Reaktanz verringert.

Beispiel:

- Therapeut: „Niemand kann die Art und Weise ändern, wie Sie mit Ihren Bedürfnissen umgehen. Es ist allein Ihre Entscheidung."
- Therapeut: „Es hängt letztlich nur von dir ab, wie es weitergeht."

Um Entschuldigung bitten
Bemerkt der Therapeut, dass er durch eine Äußerung eine starke (emotionale) Reaktion auslöst oder ausgelöst hat, kann er sich dafür entschuldigen. Eine Entschuldigung führt zumeist deutlich einfacher zu einem konstruktiven Gespräch zurück als z. B. eine Rechtfertigung.

Beispiel:

- Therapeut: „Oh, das tut mir leid! Da habe ich Sie anscheinend falsch verstanden."
- Therapeut: „Das hört sich so an, als ob ich dir da zu nahegetreten wäre: Wenn dem so sei, entschuldige bitte! Das wollte ich nicht."

Verschiebung des Fokus
Wenn der Fokus verschoben wird, wird das Thema, das „Sustain Talk" bzw. Dissonanz auslöst bzw. ausgelöst hat, zunächst nicht weiterbearbeitet. Es ist wie eine offen kommunizierte Auszeit für einen strittigen Aspekt, bevor sich die Fronten verhärten.

Beispiel:
- Patient: „Wenn die Gesellschaft nicht immer so spießig wäre, könnte alles viel einfacher sein. Dann müsste ich nicht mit meinem vermeintlichen Drogenproblem hier sein."
  - Therapeut: „Vermutlich werden wir beide jetzt und hier nicht viel an der gesellschaftlichen Haltung zu Drogen ändern. Vielleicht widmen wir uns erstmal einem anderen Thema."

Sich auf die Seite des Patienten stellen
Bei diesem Vorgehen, was starke Parallelen zu einer (extremen) Reflexion aufweist, akzeptiert der Therapeut die vom Patienten gebrachte Argumentation und reflektiert den „Sustain Talk". Diese Reaktion bietet sich allerdings erst bei wiederholt auftretendem „Sustain Talk" an und nicht direkt bei erstmaligen „Sustain Talk"-Argumenten.

Beispiel:
- Patient: „Wissen Sie: Ich habe wirklich schon alles versucht. Mir ist einfach nicht zu helfen!"
  - Therapeut: „Vielleicht ist es wirklich zu schwierig, in Ihrer Situation eine Veränderung zu bewirken. Vielleicht sollten Sie tatsächlich alles so lassen, wie es ist."

Zustimmen mit einer Wendung
Bei der Zustimmung mit einer Wendung handelt es sich um eine Reflexion mit anschließender Umformulierung. Es wird dann einem Aspekt auf einer anderen Ebene zugestimmt.

Beispiel:
- Patientin: „Was kümmert Sie eigentlich immer nur mein Gewicht? Sie fänden es bestimmt auch nicht toll, wenn Sie immer mehr zunehmen würden und Ihr Partner Ihnen deshalb blöde Sprüche drücken würde."
  - Therapeutin: „Da sagen Sie etwas Wichtiges und das war mir bisher gar nicht so klar. Dass Sie Gewicht zunehmen, ist gar nicht das Hauptproblem. Sondern eher stört Sie, dass Ihre Partnerschaft dadurch auf die Probe gestellt wird. Dass Sie das belastet, kann ich gut nachvollziehen."

> **Übung 13: Mit verschiedenen Techniken auf „Sustain Talk" und Dissonanz reagieren**
> Formulieren Sie mögliche Reaktionen auf die genannten „Sustain Talk"- bzw. Dissonanz-Äußerungen! Nutzen Sie dafür alle Ihnen bekannten Techniken!
>
> 1. Patient: „So schlimm ist das mit dem Kiffen nun auch wieder nicht. In den meisten Fällen ist das völlig ungefährlich im Gegensatz zu anderen Drogen."
> 2. Patient: „Sie meinen, ich soll weniger arbeiten? Versuchen Sie mal, das in meinem Job hinzukriegen! Da sind Sie sofort weg vom Fenster."
> 3. Patient: „Ich schaffe es eh nicht, pünktlich zu sein."
> 4. Patient: „Jetzt mal im Ernst: Das klingt ja sehr vorbildlich, aber das macht doch keiner wirklich so."
> 5. Patient: „Ich glaube nicht, dass ich mich zu der Aufgabe aufraffen kann. Abgesehen von dem einen Mal hat es ja schließlich nie geklappt".
> 6. Patient: „Mein Arzt sagt, ich soll zur Beratung gehen. Ich weiß nicht, was ich hier soll."
> 7. Patient: „Mein Vater hat sein ganzes Leben geraucht und ist steinalt geworden. Diese Antiraucher-Kampagnen sind doch reine Panikmache."
> 8. Patient: „Glauben Sie bloß nicht, dass Sie mich bekehren könnten! Das hat bisher noch keiner geschafft."
> 9. Patient: „Das ist doch spießig, immer Ordnung zu halten. Ich fühle mich wohl im Chaos."
> 10. Patient: „Ich könnte jederzeit mit dem Kiffen aufhören, wenn ich wollte."

4.6 Der Umgang mit Widerstand im Motivational Interviewing

> Auf Seite 135 im Anhang finden Sie Beispiel-Lösungen zu dieser Übung.

4.6.4 Übung: Umgang mit „Sustain Talk" und „Dissonanz" im Gespräch

Vor dem Gespräch
Gestalten Sie nun ein Gespräch durch reflektierendes Zuhören (wie unter 4.4.3.4) und greifen Sie darüber hinaus aufkommenden „Change Talk" auf (wie unter 4.5.7)! Sie können inhaltlich auf dem Rollenspiel aus 4.4.3.4 aufbauen, z. B. indem Sie erneut von vorne einsteigen. Nehmen Sie sich jeweils etwa 15 Minuten Zeit und tauschen Sie später für einen weiteren Durchgang! Pausieren Sie das Rollenspiel – wenn es hilfreich erscheint – zwischenzeitig, um sich kurz zu beratschlagen, wie es weitergehen könnte!

Therapeut: Explorieren Sie die Situation der vor Ihnen sitzenden Person durch reflektierendes Zuhören! Gehen Sie „geschmeidig" mit „Sustain Talk" und Dissonanz um! Greifen Sie ggf. behutsam „Change Talk" auf und fördern Sie ihn! Spiegeln Sie durch das reflektierende Zuhören insbesondere Ambivalenzen (gerne zweiseitig) wider! Versuchen Sie durch das zweiseitige Widerspiegeln, sensibel den „Change Talk" zu eröffnen!

Starten Sie mit einem der folgenden Sätze:
„Was führt Sie heute hierher?" oder *„Wie kann ich Ihnen weiterhelfen?"*

Patient: Inhaltlich bietet sich für die Patienten-Seite erneut ein niederschwelliges, eigenes Thema an, bei dem Sie gewisse Ambivalenzen aufweisen (siehe Beispiele unter Abschn. 4.4.3.4). Gerne können Sie das im letzten Rollenspiel gewählte Thema erneut aufgreifen.

Machen Sie es Ihrem Gegenüber dieses Mal etwas schwerer (die Übung sollte aber noch durchführbar sein)! Zeigen Sie sich weniger offen für die Förderung von „Change Talk" und äußern Sie häufiger „Sustain Talk"! Auch Dissonanz können Sie spürbar werden lassen, wenn Sie das Gefühl haben, dass Ihnen etwas im Gespräch missfällt.

Nach dem Gespräch
Tauschen Sie sich im Anschluss an das Rollenspiel über folgende Fragen aus:

Wohlbefinden während des Gesprächs

Wie wohl haben Sie sich jeweils in Ihren Rollen während des Gesprächs gefühlt?

•————————————————————————•
0 %   100 %
(habe mich gar nicht wohl gefühlt)   (habe mich absolut wohl gefühlt)

- Was lief gut? Also was macht den auf der visuellen Analogskala markierten Wert aus?
- Was lief vielleicht nicht so gut? Also was macht den bis 100 % fehlenden Wert auf der visuellen Analogskala aus?

Umsetzung reflektierendes Zuhören

Wie gut ist das reflektierende Zuhören gelungen?

•——•
0 %   100 %
(hat gar nicht geklappt)   (hat perfekt geklappt)

- Was macht den auf der visuellen Analogskala markierten Wert aus?
  Also was macht den Anteil aus, der gut gelaufen ist?
- Was macht den bis 100 % fehlenden Wert auf der visuellen Analogskala aus?
  Also worin bestand das Problem an den Stellen, wo es nicht gelungen ist?

Umsetzung der Förderung von „Change Talk"

Wie gut ist die Förderung von „Change Talk" gelungen?

•——•
0 %   100 %
(hat gar nicht geklappt)   (hat perfekt geklappt)

- Was macht den auf der visuellen Analogskala markierten Wert aus?
  Also was macht den Anteil aus, der gut gelaufen ist?
- Was macht den bis 100 % fehlenden Wert auf der visuellen Analogskala aus?
  Also worin bestand das Problem an den Stellen, wo es nicht gelungen ist?

Umsetzung des Umgangs mit „Sustain Talk" und Dissonanz

Wie gut ist der Umgang mit „Sustain Talk" und Dissonanz gelungen?

•——•
0 %   100 %
(hat gar nicht geklappt)   (hat perfekt geklappt)

- Was macht den auf der visuellen Analogskala markierten Wert aus?
  Also was macht den Anteil aus, der gut gelaufen ist?
- Was macht den bis 100 % fehlenden Wert auf der visuellen Analogskala aus?
  Also worin bestand das Problem an den Stellen, wo es nicht gelungen ist?

Fazit der Übung
- Was sollte ich in der Therapeuten-Rolle so beibehalten?
- Woran sollte ich weiterarbeiten?
- Machen Sie ggf. einen weiteren Wiederholungs-Durchlauf!

5 Übungen mit Aufgaben, Rolleninstruktionen und Reflexionsfragen

Die nun folgenden Fallbeispiele skizzieren einen möglichen Rahmen für ein Beratungsgespräch bzw. eine Therapiesitzung. Insbesondere zum Üben der Gesprächsführung bieten „echte" Gespräche eine bessere Grundlage, weil sie eine bessere Vertiefung der Thematik möglich machen. In inszenierten Rollenspielen muss diese „Tiefgründigkeit" ein stückweit durch schauspielerisches Talent kompensiert werden, wie schon unter Abschn. 2.1 erwähnt wurde. Versuchen Sie in der Rolle des Patienten also möglichst, sich gut „hineinzudenken" und den jeweiligen Fall anzureichern, wenn es in die Tiefe geht!

Um einen weiteren Punkt aus Abschn. 2.1 aufzugreifen: Machen Sie es sich gegenseitig nicht zu schwer! Es geht nicht darum, einen „unknackbaren" Patienten zu erschaffen, der den Therapeuten „aushebelt". Dies ist in der Regel nicht das Ziel einer Person, die in die Therapie oder Beratung kommt. Stattdessen ist normalerweise ein Anliegen für das Hilfesuchen und damit eine Motivation auf Patientenseite gegeben.

Bedenken Sie, dass 20 Minuten Prüfzeit an jeder Station (gemäß § 48 PsychThApprO) inklusive des Lesens vorgesehen sind! Am besten planen Sie etwa fünf Minuten fürs Lesen ein und lassen etwa weitere 15 Minuten für die Durchführung der Übung. Die Aufgabenstellungen beinhalten teilweise Substanz für deutlich mehr als eine 15-minütige Übung. Konzentrieren Sie sich in solchen Fällen am besten zunächst auf einen Teil der Aufgabe und legen Sie den Fokus in weiteren Durchführungen auf einen anderen Teilaspekt!

Die sich an jede Aufgabe anschließenden Reflexionsfragen dienen insbesondere der Überprüfung, inwiefern die Aufgabenstellung umgesetzt wurde. Es kann darüber hinaus sinnvoll sein, weitere Gesprächsführungstechniken anzuwenden, auch wenn sie nicht Teil der Aufgabe sind bzw. nicht in den Reflexionsfragen abgedeckt werden. Z. B. kann der Umgang mit „Sustain Talk" und Dissonanz im Gespräch notwendig werden, obwohl in der Beschreibung kein Fokus darauf lag.

Es kann außerdem nützlich sein, Gesprächsführungstechniken anzuwenden, die nicht im Rahmen dieses Buches erläutert werden. Insofern muss nicht jede angewandte

Intervention klar dem MI zuordenbar sein, um richtig zu sein. Der MI-Ansatz bietet vielfältige Anwendungsmöglichkeiten bei guter Erlernbarkeit, ist jedoch nicht die einzige Option. Als Orientierungshilfe liegt hier aus dem Grund der Fokus auf dem MI, da sich so eine klare Linie fürs Üben ergibt.

An der Stelle sei erneut angemerkt, dass es hier um das „Wie" der Umsetzung im Gespräch geht und Inhalte für das „Was" nicht Bestandteil dieses Buches sind. Notwendige Informationen zu den Inhalten der Fallvignetten (z. B. Suizidalität, Kindeswohlgefährdung, Behandlung einer Essstörung, Vorgehen in einem speziellen Richtlinienverfahren) müssen anderweitig eingeholt werden.

Im anschließenden Kap. 6 finden Sie für einige der hier beschriebenen Fallvignetten modellhaft ausformulierte Beispiel-Lösungen. Es wird je ein ausformuliertes Beispiel pro Station (gemäß § 48 PsychThApprO) zur Verfügung gestellt.

5.1   Übungen zu „Patientensicherheit"

Bei der „Patientensicherheit" (siehe auch Abschn. 2.2) geht es in unterschiedlicher Form darum, potenzielle Gefahren vom Patienten abzuwenden. Es geht daher insbesondere – aber nicht nur – um die Selbstgefährdung des Patienten. Diese Gefahren müssen vom Therapeuten abgeklärt bzw. eingeschätzt werden und er muss ggf. Maßnahmen ergreifen, um die Sicherheit des Patienten bestmöglich zu gewährleisten.

Inhaltliche Beispiele können dementsprechend sein:

- Die Abklärung von Suizidalität.
- Eine Einweisung nach dem Psychisch-Kranken Gesetz (PsychKG) bei akuter Suizidalität oder anderer körperlicher Gefährdung (z. B. bei einer Essstörung, wenn ein lebensbedrohlich niedriges Gewicht vorliegt).
- Die Einschätzung einer Kindeswohlgefährdung und Initiierung einer Inobhutnahme, sofern nötig.
- Die Änderung eines Behandlungsansatzes (z. B. von ambulanter Behandlung zur tagesklinischen oder stationären Behandlung), wenn der bisher gewählte Behandlungsansatz für den weiteren Verlauf einen Risikofaktor (z. B. Verschlechterung des Zustandes, weil Setting nicht ausreichend / engmaschig genug ist) darstellt.
- Usw.

In dem Zusammenhang ist das Vorgehen nach dem MI sehr relevant, wenn z. B. die Situation offen – anhand der OARS – exploriert werden soll (z. B.: Wie ist die Situation bei einem Jugendlichen zu Hause?), der „Change Talk" (z. B. die Argumente für das Weiterleben und gegen den Suizid) gefördert werden soll oder der Umgang mit „Sustain Talk" und Dissonanz (z. B. bei Reaktanz bezüglich bestimmter gesetzlicher Regelungen) nötig ist. Es kann aber auch sein, dass ein direktiveres Vorgehen als es im MI naturgemäß gezeigt wird zum Tragen kommen muss, z. B. bei einer Zwangseinweisung. Dies sollte sich allerdings bestenfalls nicht durch das gesamte Gespräch ziehen, sondern auf bestimmte Phasen, wo es sein *muss* bzw. von großer Bedeutung ist, beschränkt werden.

> An der Station „Patientensicherheit" kann phasenweise ein direktiveres Vorgehen notwendig sein, als es im MI grundsätzlich genutzt wird. Das Vorgehen nach MI sollte aber nichtsdestotrotz bestenfalls anteilig überwiegen.

5.1.1 Fallbeispiel zu Suizidalität bei einem älteren Mann nach dem Tod der Ehefrau

Fallvignette
Herr Walter Schlesig, ein 82-jähriger Patient, meldet sich beim Krisendienst der psychotherapeutischen Ambulanz. In diesem ersten Gespräch erfahren Sie, dass seine Frau vor wenigen Wochen verstorben sei. Mit ihr habe Herr Schlesig, seitdem er 23 Jahre alt gewesen sei, alles geteilt. Obwohl seine Frau mit 80 Jahren nicht mehr die Jüngste gewesen sei, habe ihr Tod ihn eiskalt erwischt. Sie sei bis zuletzt recht fit und mobil gewesen, sie hätten viele gemeinsame Interessen gehabt und seien oft zu zweit oder mit Freunden aktiv gewesen. Nun „versauere" er in seiner Wohnung, an der ihn alles an seine Frau erinnere. Die Lage „ziehe" ihn zunehmend „runter" und er fühle sich depressiv. Eigentlich denke er, dass es auch für ihn langsam Zeit sei zu gehen.

Aufgabenstellung
Explorieren Sie die Gefühlslage von Herrn Schlesig! Schaffen Sie durch viel Validierung einen Rahmen, indem er sich öffnen kann! Geben Sie ihm gleichzeitig auch transparent notwendige Informationen zum Umgang mit Suizidalität und klären Sie diese für seinen Fall ab! Versuchen Sie, Herrn Schlesigs Bereitschaft für das Weiterleben zu fördern und präventive Maßnahmen auszuarbeiten! Leiten Sie – wenn nötig – die Schritte für einen stationären Aufenthalt (nach PsychKG oder auch freiwillig) ein!
Beginnen Sie das Gespräch mit den folgenden Worten, die Sie vorlesen dürfen: *„Der Tod Ihrer Frau tut mir sehr leid! Es klingt wirklich nach einem ziemlichen Schock und einer großen Veränderung, die sich kürzlich für Sie ergeben hat! Ich würde Ihre aktuelle Situation gerne noch etwas besser verstehen."*

Hintergrundinformationen zu der Person, die Walter Schlesig spielt
Sie hatten eine sehr enge Beziehung zu Ihrer Frau. Durch ihren Tod bricht für Sie eine Welt zusammen. Einmal fehlt Ihnen ihre emotionale Unterstützung, weil Sie sich hauptsächlich mit Ihrer Frau ausgetauscht haben. Außerdem war sie aber auch der strukturierende Part in Ihrer Beziehung, da sie die meisten Aktivitäten – mit und ohne Freunde – organisiert hat. Nun haben Sie wenig Grund und Antrieb dazu, morgens auf-

zustehen, sich zu waschen, anzuziehen, zu essen, usw. Gut im Kontakte pflegen sind Sie leider daher auch nicht, das lief bisher hauptsächlich über Ihre Frau. Aber glücklicherweise melden sich die gemeinsamen Freunde in den letzten Wochen regelmäßig bei Ihnen. Dafür sind Sie dankbar und das hilft Ihnen von allem momentan am meisten. Trotzdem ist Ihr Lebenswille nicht mehr wirklich da. Sie sind im wahrsten Sinne des Wortes lebensmüde und würden gerne langsam abdanken. Sie sind katholischen Glaubens und hoffen darauf, Ihre Frau nach Ihrem eigenen Tod wiederzusehen. Sie haben sich auch schon Gedanken gemacht, wie Sie diesbezüglich etwas nachhelfen könnten. Sie haben einige alte Medikamente von Ihrer Frau im Badezimmerschrank. Was das genau ist, wissen Sie nicht. Aber der Arzt sagte in der Vergangenheit warnend, dass zu viele Pillen davon das Leben kosten könnten. Wenn es ganz schlimm werden sollte, würden Sie sich etwas Mut antrinken und diese einnehmen. Ohne Alkohol wären Sie wahrscheinlich zu feige und ambivalent. Ein schlechtes Gewissen hätten Sie aufgrund Ihres Glaubens nämlich schon, da Ihre Zeit scheinbar noch nicht gekommen ist. Und Ihre Frau fänd es vermutlich auch nicht gut und würde Ihnen wünschen, jetzt das Beste aus der Zeit zu machen.

Sie vertrauen dem Therapeuten und sind nach anfänglicher Vorsicht ehrlich bezüglich Ihrer lebensmüden Gedanken und Pläne. Es ärgert Sie allerdings schon, dass der Therapeut Ihnen mit rechtlichen Maßnahmen „um die Ecke" kommt und damit Ihren „Notfall-Plan" zerschießt. Vielleicht wäre aber ein Klinik-Aufenthalt tatsächlich gut, um nicht nach ein paar Bier auf dumme Gedanken zu kommen…

Hinweis: Hier könnten Sie im Rollenspiel sowohl den Ausgang, dass der Patient akut suizidal ist, als auch den Ausgang, dass er sich absprachefähig zeigt, durchlaufen.

Reflexionsfragen
Tauschen Sie sich im Anschluss an das Rollenspiel über folgende Fragen aus:

Wohlbefinden während des Gesprächs

Wie wohl haben Sie sich jeweils in Ihren Rollen während des Gesprächs gefühlt?

•―――――――――――――――――――――――――――――――――•
0 %   100 %
(habe mich gar nicht wohl gefühlt)   (habe mich absolut wohl gefühlt)

- Was lief gut? Also was macht den auf der visuellen Analogskala markierten Wert aus?
- Was lief vielleicht nicht so gut? Also was macht den bis 100 % fehlenden Wert auf der visuellen Analogskala aus?

5.1 Übungen zu „Patientensicherheit"

Umsetzung der OARS (offene Fragen, reflektierendes Zuhören, Würdigung und Resümee)

Wie gut ist die Validierung und Förderung der Selbstöffnung bei Herrn Schlesig insbesondere durch reflektierendes Zuhören, Würdigung und Resümees gelungen?
(Offene Fragen in diesem Fall bitte bei Förderung von „Change Talk" weiter unten evaluieren)

•━━━•

0 %   100 %
(hat gar nicht geklappt)   (hat perfekt geklappt)

- Was macht den auf der visuellen Analogskala markierten Wert aus?
  Also was macht den Anteil aus, der gut gelaufen ist?
- Was macht den bis 100 % fehlenden Wert auf der visuellen Analogskala aus?
  Also worin bestand das Problem an den Stellen, wo es nicht gelungen ist?

Umsetzung bezüglich Informationen und Ratschläge geben

Wie gut ist die Vermittlung von Informationen (nach dem Prinzip Nachfragen, Information geben und erneut Nachfragen) hinsichtlich des Umgangs mit gesetzlichen Regelungen zu Suizidalität
(z. B. Umgang mit Selbst- oder Fremdgefährdung, Schweigepflicht brechen müssen, Zwangseinweisung nach PsychKG) gelungen? Hinweis: Die Informationen und Ratschläge könnten sich beispielsweise auch darauf beziehen, was ein stationärer Aufenthalt in einer solchen Situation für Vorteile haben könnte usw.

•━━━•

0 %   100 %
(hat gar nicht geklappt)   (hat perfekt geklappt)

- Was macht den auf der visuellen Analogskala markierten Wert aus?
  Also was macht den Anteil aus, der gut gelaufen ist?
- Was macht den bis 100 % fehlenden Wert auf der visuellen Analogskala aus?
  Also worin bestand das Problem an den Stellen, wo es nicht gelungen ist?

Umsetzung der Förderung von „Change Talk"

Wie gut ist die Förderung von „Change Talk" gelungen? „Change Talk" meint in diesem Fall die Argumente für das Weiterleben bzw. gegen den Suizid. Im Falle von akuter Suizidalität wären alle Aussagen, die für eine Verhinderung des Suizids hilfreich wären (z. B. Klinikaufenthalt, keinen Alkohol mehr trinken, Medikamente entsorgen), als „Change Talk" zu klassifizieren.

•───•
0 %   100 %
(hat gar nicht geklappt)   (hat perfekt geklappt)

- Was macht den auf der visuellen Analogskala markierten Wert aus? Also was macht den Anteil aus, der gut gelaufen ist?
- Was macht den bis 100 % fehlenden Wert auf der visuellen Analogskala aus? Also worin bestand das Problem an den Stellen, wo es nicht gelungen ist?

Umsetzung des Umgangs mit „Sustain Talk" und Dissonanz

Wie gut ist der Umgang mit „Sustain Talk" und Dissonanz gelungen? Das meint in diesem Fall insbesondere den Umgang mit potenzieller Reaktanz aufgrund der Informationen zum professinellen Vorgehen bei akuter Suizidalität

•───•
0 %   100 %
(hat gar nicht geklappt)   (hat perfekt geklappt)

- Was macht den auf der visuellen Analogskala markierten Wert aus? Also was macht den Anteil aus, der gut gelaufen ist?
- Was macht den bis 100 % fehlenden Wert auf der visuellen Analogskala aus? Also worin bestand das Problem an den Stellen, wo es nicht gelungen ist?

Fazit der Übung
- Was sollte ich in der Therapeuten-Rolle so beibehalten?
- Woran sollte ich weiterarbeiten?
- Machen Sie ggf. einen weiteren Wiederholungs-Durchlauf!

5.1.2 Fallbeispiel eines Jugendlichen, der sich den Umzug in eine Wohngruppe wünscht

Fallvignette
Der 16-jährige Schüler Jason Tacke lebt mit seinen Eltern und seinem vier Jahre jüngeren Bruder Tom in einer Mietwohnung. Er kommt seit ein paar Wochen zu Ihnen in die Beratungsstelle. Der ursprüngliche Anlass für den Kontakt war der Verdacht von Kindeswohlgefährdung in Jasons Familie. Nachbarn hatten laute Streitereien und

Handgreiflichkeiten beim Jugendamt gemeldet. Der Vater sei sowohl gegenüber Jason als auch gegenüber seinem jüngeren Bruder gewalttätig geworden. Auch die Schule hatte letztlich den Verdacht, dass eine Kindeswohlgefährdung vorliegen könne, weil der Schüler plötzlich mit einem blauen Auge in die Schule kam und sich widersprüchlich bezüglich der Ursache äußerte. Der Vater zeigte sich jedoch nach einem Gespräch mit dem Jugendamt, in welchem er die Vorfälle gestand, schuldbewusst. Er äußerte die Bereitschaft und sogar den Wunsch, mit professioneller Hilfe an seinem Verhalten zu arbeiten. Deshalb waren Jason und sein Bruder zunächst in der Familie geblieben.

Jason ist gut befreundet mit dem ebenfalls 16-jährigen Robin, der aus ähnlichen sozialen Verhältnissen stammt. Dieser lebt seit etwa einem Monat in einer Wohngruppe, weil er aus seiner Familie herausgenommen werden musste. Seitdem gehe es ihm deutlich besser. Jason genieße die Besuche bei diesem Freund und habe großes Gefallen an der Wohngruppe gefunden. Er berichtet Ihnen von all den Vorzügen, die ein Leben dort für ihn habe. Außerdem macht er neue Andeutungen hinsichtlich vorliegender Kindeswohlgefährdung: Es klingt so, als ob der Vater erneut handgreiflich geworden sei, dieses Mal gegenüber seiner Frau.

Aufgabenstellung
Klären Sie die erneut im Raum stehende Kindeswohlgefährdung ab! Klären Sie außerdem und unabhängig davon die Vor- und Nachteile eines Umzugs in eine Wohngruppe, z. B. in einer Pro-Contra-Liste! Wählen Sie für das gesamte Gespräch einen so wenig suggestiven Gesprächsstil wie möglich, sowohl bei der Abklärung der Kindeswohlgefährdung als auch bei der Wohngruppen-Frage! Die Frage bezüglich der Wohnsituation darf bis zum Ende offen bleiben (z. B. mit dem Hinweis darauf, dass dies an anderer Stelle entschieden wird).

Sie beginnen das Gespräch mit den folgenden Worten, die Sie vorlesen dürfen: *„Das sind ja einige neue Informationen bezüglich deiner Situation zu Hause, die ich noch nicht ganz verstanden habe. Lass uns das bitte nochmal etwas genauer anschauen!"*

Hintergrundinformationen für die Person, die Jason Tacke spielt
Du bist ein impulsiver und leicht distanzgeminderter Jugendlicher, der aus einem sozialen Brennpunkt stammt. In der Schule hast du regelmäßig Konflikte mit den Lehrern und Schwierigkeiten mit dem Lernstoff. Du kennst die Situation halt nicht anders, denn zu Hause gibt es auch immer wieder Streit: Entweder streitet sich dein Vater mit dir oder mit deiner Mutter. Um dem zu entfliehen, hast du schon einiges mehr an Alkohol und Drogen ausprobiert als die meisten anderen in deinem Alter. Oft wünschst du dir, woanders leben zu können, weshalb die Perspektive mit der Wohngruppe gerade recht kam. Ein Leben ohne den alltäglichen Druck durch deinen Vater könnte dir womöglich ganz neue Türen öffnen. Vielleicht würde es mit der Schule auch besser laufen. Freunde nach Hause bringen oder gar ein Mädchen in diese Familie mitnehmen ist für dich nämlich auch unvorstellbar. Bei Robin in der Wohngruppe hat es dir sehr gut gefallen und so würdest du auch gerne leben. Ein bisschen geflunkert war

die Sache mit der letzten Handgreiflichkeit deines Vaters aber eigentlich doch, um dem Glück mit der Wohngruppe etwas nachzuhelfen. Eigentlich hatten deine Eltern einen Streit hinter der geschlossenen Schlafzimmertür. Du bist dir recht sicher, dass dein Vater deine Mutter nicht geschlagen hat, sondern das Geräusch vom Zuknallen des Kleiderschranks kam. Aber da du es nicht gesehen hast, ist es ja nur eine halbe Lüge. Wo sie jetzt aber so auf dem Tisch liegt, fühlst du dich doch etwas schlecht. Denn eigentlich hat sich dein Vater merklich gebessert und gibt sich große Mühe, an seinem Verhalten zu arbeiten. Wenn du tatsächlich in eine Wohngruppe gehen würdest, hättest du auch gegenüber deinem Bruder Tom ein schlechtes Gewissen. Du willst ihn schließlich nicht alleine lassen und hast ihm sogar einmal versprochen, bis zu deinem 18. Geburtstag zu Hause zu bleiben.

Reflexionsfragen
Tauschen Sie sich im Anschluss an das Rollenspiel über folgende Fragen aus:

Wohlbefinden während des Gesprächs

Wie wohl haben Sie sich jeweils in Ihren Rollen während des Gesprächs gefühlt?

•─────────────────────────────────────•
0 %   100 %
(habe mich gar nicht wohl gefühlt)   (habe mich absolut wohl gefühlt)

- Was lief gut? Also was macht den auf der visuellen Analogskala markierten Wert aus?
- Was lief vielleicht nicht so gut? Also was macht den bis 100 % fehlenden Wert auf der visuellen Analogskala aus?

Umsetzung der OARS (offene Fragen, reflektierendes Zuhören, Würdigung und Resümee)

Wie gut ist die Exploration der Situation (Liegt Kindeswohlgefährdung vor?) und ein sensibler Umgang mit motivationalen Schwierigkeiten bezüglich der Wohnsituation durch die OARS (offene Fragen, reflektierendes Zuhören, Würdigung und Resümee) gelungen?

•─────────────────────────────────────•
0 %   100 %
(hat gar nicht geklappt)   (hat perfekt geklappt)

- Was macht den auf der visuellen Analogskala markierten Wert aus? Also was macht den Anteil aus, der gut gelaufen ist?
- Was macht den bis 100 % fehlenden Wert auf der visuellen Analogskala aus? Also worin bestand das Problem an den Stellen, wo es nicht gelungen ist?

5.1 Übungen zu „Patientensicherheit"

Umsetzung bezüglich Informationen und Ratschläge geben

Wie gut ist die Vermittlung von Informationen (nach dem Prinzip Nachfragen, Information geben und erneut Nachfragen) hinsichtlich des Umgangs mit gesetzlichen Regelungen zu Kindeswohlgefährdung gelungen?

•────────────────────────────────────•
0 %   100 %
(hat gar nicht geklappt)   (hat perfekt geklappt)

- Was macht den auf der visuellen Analogskala markierten Wert aus? Also was macht den Anteil aus, der gut gelaufen ist?
- Was macht den bis 100 % fehlenden Wert auf der visuellen Analogskala aus? Also worin bestand das Problem an den Stellen, wo es nicht gelungen ist?

Umsetzung des Umgangs mit „Sustain Talk" und Dissonanz

Wie gut ist der Umgang mit „Sustain Talk" und Dissonanz gelungen? Das meint in diesem Fall insbesondere den Umgang mit potenzieller Reaktanz aufgrund der Informationen zum professionellen Vorgehen bei Kindeswohlgefährdung

•────────────────────────────────────•
0 %   100 %
(hat gar nicht geklappt)   (hat perfekt geklappt)

- Was macht den auf der visuellen Analogskala markierten Wert aus? Also was macht den Anteil aus, der gut gelaufen ist?
- Was macht den bis 100 % fehlenden Wert auf der visuellen Analogskala aus? Also worin bestand das Problem an den Stellen, wo es nicht gelungen ist?

Fazit der Übung
- Was sollte ich in der Therapeuten-Rolle so beibehalten?
- Woran sollte ich weiterarbeiten?
- Machen Sie ggf. einen weiteren Wiederholungs-Durchlauf!

5.1.3 Fallbeispiel zu Untergewicht bei Essstörungen

Fallvignette
Die 25-jährige Medizinstudentin Lea Tinnert kam in den letzten Wochen für die ersten vier probatorischen Sitzungen zu Ihnen in die psychotherapeutische Praxis. Der ursprüngliche Anlass für ihre Vorstellung waren ihre Eltern und ihr Hausarzt. Sowohl die Eltern als auch der Arzt machten sich Sorgen wegen Frau Tinnerts plötzlicher und drastischer Gewichtsabnahme. Aus den mitgebrachten, ärztlichen Unterlagen ging hervor, dass die Patientin zu Beginn Ihrer Termine 46 kg bei einer Größe von 1,66 wog

(BMI = 16,7 kg/m²). In der bereits durchgeführten Diagnostik-Sitzung haben Sie eine Anorexia nervosa diagnostiziert.

Das Mindest-Normalgewicht bei der Körpergröße der Patientin läge bei etwa 54 kg (BMI = 19,6 kg/m²), was Sie zu Beginn als Mindest-Zielgewicht mit der Patientin besprochen hatten. Frau Tinnert zeigte damals die zu erwartenden Ambivalenzen, weshalb Sie direkt auf die Möglichkeit einer stationären Behandlung hinwiesen, da eine Gewichtszunahme dort leichter falle und das Gewicht ohnehin grenzwertig für eine ambulante Behandlung war. Die Patientin wollte es aber im ambulanten Setting versuchen. Sie vereinbarten deshalb, dass sie ihr Gewicht von 46 kg zumindest bis zum Beginn der „eigentlichen" Therapie halten müsse.

Nun haben Sie Frau Tinnert die letzten zwei Wochen krankheitsbedingt nicht gesehen. Heute bringt sie Ihnen ihr tagesaktuelles Gewicht für den Therapieantrag mit. Dieses liegt bei 41 kg (BMI = 14,9 kg/m²), also fünf Kilogramm weniger als zuletzt. Die Patientin zeigt sich einsichtig und gesteht auch, dass sie sich körperlich extrem schwach fühle. In eine Klinik wolle sie jedoch weiterhin nicht.

Aufgabenstellung
Weisen Sie die Patientin darauf hin, dass sie laut des mitgebrachten Gewichts von der Gewicht-Halte-Vereinbarung abgewichen ist! Besprechen Sie die mit dem niedrigen Gewicht einhergehenden Risiken! Leiten Sie Konsequenzen für die weitere Behandlung ab und motivieren Sie Frau Tinnert, von sich aus zunächst – vor dem weiteren Einstieg in eine ambulante Therapie – eine stationäre Therapie zur Gewichtssteigerung in Angriff zu nehmen! Wählen Sie für das gesamte Gespräch einen von der Gesprächsführung sensiblen Umgang mit der Patientin, insbesondere bezüglich der motivationalen Schwierigkeiten!

Sie beginnen das Gespräch mit den folgenden Worten, die Sie vorlesen dürfen: *„Ich danke Ihnen, dass Sie das Gewicht vom Arzt wie vereinbart für den Therapieantrag mitgebracht haben! Sie haben es wahrscheinlich selbst gesehen: In den letzten Wochen haben Sie noch weitere fünf Kilo abgenommen."*

Hintergrundinformationen für die Person, die Lea Tinnert spielt
Sie sind ein zurückhaltender, perfektionistischer Mensch. In der Schule waren Sie immer gut und auch in Ihrem Medizinstudium sind Sie ehrgeizig. Insofern passt es nicht gut in Ihr Selbstbild, dass Sie die Gewicht-Halte-Vereinbarung gebrochen haben. Bei Ihrem Gewicht haben Sie aber einfach zu viele Gründe für die Gewichtsabnahme: Die Zahl auf der Waage zu reduzieren, versetzt Sie in einen regelrechten Rausch, dem Sie schlecht nachgeben können. Sie schaffen das, was andere nicht können. Und dabei ist es Ihnen egal, dass die Kommentare bezüglich Ihres Körpers mittlerweile sehr negativ sind. Insbesondere nachdem Ihr Freund mit Ihnen Schluss gemacht hat, gibt Ihnen die Essstörung und das Abnehmen einen neuen Lebensinhalt. Über Ihr Gewicht haben Sie Kontrolle und mit anderem müssen Sie sich wegen dieses tagfüllenden „Hobbies" nicht beschäftigen.

Negative Gefühle nehmen Sie bei dem niedrigen Gewicht sowieso kaum noch wahr. Allerdings fehlen Ihnen auch die positiven Gefühle, die Sie mit einem höheren Körpergewicht erlebt haben. Dass sich Ihre Eltern große Sorgen machen, ist auch keine angenehme Situation für Sie. Ein bisschen Angst macht es Ihnen auch selber, wenn Sie sich wie im Rausch fühlen: Wo soll das letztlich hinführen, kommen Sie da wirklich noch selber raus? Aber in eine Klinik gehen als Lösung dieses Problems möchten Sie auch nicht. Gerade Sie als Medizinstudentin müssten es schließlich besser wissen. Deshalb schämen Sie sich sehr und finden die ambulante Behandlung deutlich leichter „heimlich" in den Alltag einzubinden.

Reflexionsfragen
Tauschen Sie sich im Anschluss an das Rollenspiel über folgende Fragen aus:

Wohlbefinden während des Gesprächs

Wie wohl haben Sie sich jeweils in Ihren Rollen während des Gesprächs gefühlt?

•──•
0 %   100 %
(habe mich gar nicht wohl gefühlt)   (habe mich absolut wohl gefühlt)

- Was lief gut? Also was macht den auf der visuellen Analogskala markierten Wert aus?
- Was lief vielleicht nicht so gut? Also was macht den bis 100 % fehlenden Wert auf der visuellen Analogskala aus?

Umsetzung bezüglich Informationen und Ratschläge geben

Wie gut ist die Vermittlung von Informationen (nach dem Prinzip Nachfragen, Information geben, erneut Nachfragen) hinsichtlich der Konsequenzen des weiteren Abnehmens bzw. der Nichteinhaltung der Gewicht-Halte-Vereinbarung gelungen? Und wie gut ist die Vermittlung von Informationen zu Risiken von Untergewicht gelungen?

•──•
0 %   100 %
(hat gar nicht geklappt)   (hat perfekt geklappt)

- Was macht den auf der visuellen Analogskala markierten Wert aus?
  Also was macht den Anteil aus, der gut gelaufen ist?
- Was macht den bis 100 % fehlenden Wert auf der visuellen Analogskala aus?
  Also worin bestand das Problem an den Stellen, wo es nicht gelungen ist?

Umsetzung der Förderung von „Change Talk"

Wie gut ist die Förderung von „Change Talk" gelungen? „Change Talk" meint in diesem Fall die Argumente für das Zunehmen/Essen bzw. gegen eine weitere Gewichtsabnahme. Außerdem wären alle Aussagen, die für eine Gewichtszunahme im stationären Rahmen sprechen (z. B. Bereitschaft in die Klinik zu gehen bzw. vor der Zeit allein zu Hause Sorgen zu haben), als „Change Talk" zu klassifizieren.

•──•
0 %   100 %
(hat gar nicht geklappt)   (hat perfekt geklappt)

- Was macht den auf der visuellen Analogskala markierten Wert aus?
  Also was macht den Anteil aus, der gut gelaufen ist?
- Was macht den bis 100 % fehlenden Wert auf der visuellen Analogskala aus?
  Also worin bestand das Problem an den Stellen, wo es nicht gelungen ist?

Umsetzung der OARS (offene Fragen, reflektierendes Zuhören, Würdigung und Resümee)

Wie gut ist ein sensibler Umgang mit motivationalen Schwierigkeiten durch die OARS (offene Fragen, reflektierendes Zuhören, Würdigung und Resümee) gelungen?

•──•
0 %   100 %
(hat gar nicht geklappt)   (hat perfekt geklappt)

- Was macht den auf der visuellen Analogskala markierten Wert aus?
  Also was macht den Anteil aus, der gut gelaufen ist?
- Was macht den bis 100 % fehlenden Wert auf der visuellen Analogskala aus?
  Also worin bestand das Problem an den Stellen, wo es nicht gelungen ist?

Umsetzung des Umgangs mit „Sustain Talk" und Dissonanz

Wie gut ist der Umgang mit „Sustain Talk" und Dissonanz gelungen? Das meint in diesem Fall die potenzielle Reaktanz bezüglich der Nichteinhaltung der Regel zum Gewichthalten, der Konsequenzen eines niedrigen Gewichts und der Idee einer stationären Behandlung.

•──•
0 %   100 %
(hat gar nicht geklappt)   (hat perfekt geklappt)

- Was macht den auf der visuellen Analogskala markierten Wert aus?
  Also was macht den Anteil aus, der gut gelaufen ist?
- Was macht den bis 100 % fehlenden Wert auf der visuellen Analogskala aus?
  Also worin bestand das Problem an den Stellen, wo es nicht gelungen ist?

Fazit der Übung
- Was sollte ich in der Therapeuten-Rolle so beibehalten?
- Woran sollte ich weiterarbeiten?
- Machen Sie ggf. einen weiteren Wiederholungs-Durchlauf!

5.2 Übungen zu „Therapeutische Beziehungsgestaltung"

Bei der „Therapeutischen Beziehungsgestaltung" (siehe auch Abschn. 2.2) geht es um interaktionelle Schwierigkeiten, die sich in der therapeutischen Beziehung ergeben können und die ein Hindernis für die Therapie darstellen. Brüche im Arbeitsbündnis sind nicht förderlich für eine konstruktive und erfolgreiche Zusammenarbeit, weshalb nach dem Prinzip „Störungen haben Vorrang" auf derartige Schwierigkeiten eingegangen werden sollte. Die Gestaltung der Therapiebeziehung stellt daher eine wichtige Basis jedes Therapeuten dar.

Inhaltliche Beispiele können dementsprechend sein:

- Unzufriedenheit in der therapeutischen Beziehung (z. B. Ärger über bestimmte Verhaltensweisen des Therapeuten auf Seite des Patienten, aber auch andersherum).
- Widerstand bzw. Reaktanz gegenüber bestimmten Behandlungsmethoden oder Regeln.
- Abwertendes, überkritisches und aggressives Verhalten.
- Sehr schweigsames Verhalten mit geringer Selbstöffnung.
- Ständiges Reden, ohne einen „roten Faden" zu verfolgen.
- Geringe Änderungsmotivation oder geringes Problembewusstsein.
- Nicht-Einhalten von Absprechen und Terminen.
- usw.

Natürlich stellt insbesondere der an Rogers (2020; siehe Abschn. 3.1) angelehnte Spirit des MI (Abschn. 4.2) eine wichtige Grundlage für eine gute Therapiebeziehung dar. Aber auch die OARS (Abschn. 4.4), vor allem das reflektierende Zuhören (Abschn. 4.4.3), dienen dem Aufbau einer tragfähigen therapeutischen Beziehung.

Der Umgang mit „Sustain Talk" und Dissonanz (z. B. bei Unzufriedenheit mit bestimmten Vorgehensweisen in der Therapie) bietet darüber hinaus deeskalierende Strategien bei akuten Interaktionsproblemen (Abschn. 4.6). Anstatt dem „Korrektur-Reflex" nachzugeben, sorgen diese Techniken für eine „Glättung" der aufkommenden Wogen. Je weniger Spannungen es im Arbeitsbündnis gibt, desto konstruktiver kann an den eigentlichen Anliegen gearbeitet werden.

> Die Gesprächsführung im MI zielt maßgeblich auf die Herstellung einer tragfähigen Therapiebeziehung als Grundlage für einen Veränderungsprozess ab. Sie bietet sich deshalb insbesondere für die Station „Therapeutische Beziehungsgestaltung" an.

5.2.1 Fallbeispiel zum Ärger über das Ausfallhonorar

Fallvignette

Der 52-jährige Patient Torben Sträter kommt bereits seit einiger Zeit zu Ihnen in die ambulante Psychotherapie. Sie haben Herrn Sträter bisher nicht als den zuverlässigsten Patienten kennengelernt: Häufig ist er ein paar Minuten zu spät, vergisst Arbeitsblätter oder ähnliches. Ein Teil davon mag durch seine depressive Problematik bedingt sein. Nichtsdestotrotz haben Sie bereits erläutert, dass eine gewisse Zuverlässigkeit beim Einhalten der Therapietermine für den erfolgreichen Verlauf der Therapie von großer Bedeutung ist.

Auch die Ausfallhonorar-Vereinbarung haben Sie mit dem Patienten zu Beginn der Behandlung besprochen. Er hat dieser zugestimmt und sie unterzeichnet. Das Ausfallhonorar deckt bei nicht rechtzeitig abgesagten Therapieterminen zumindest einen Teil des verlorenen Honorars ab, weil der Termin in einer psychotherapeutischen Praxis nicht so einfach nachbesetzt werden kann wie in einer ärztlichen Praxis. Es wird laut Vereinbarung unabhängig vom Grund der Absage erhoben und *nicht* von der Krankenkasse, sondern vom Patienten selbst übernommen.

Herr Sträter kommt heute in die Sitzung, nachdem er den letzten Termin am Abend vorher – also nicht rechtzeitig – abgesagt hat. Sein Auto habe eine Panne gehabt, weshalb er es nicht zur Sitzung geschafft habe. Jetzt sei das Auto wieder ok, jedoch habe die Reparatur relativ viel gekostet, sodass er nun knapp bei Kasse sei. Dass Ihr Patient vom Ausfallhonorar nicht begeistert sein wird und es möglicherweise ein etwas schwierigeres Gespräch werden wird, ist Ihnen bewusst.

Aufgabenstellung

Erklären Sie Herrn Sträter, dass das Ausfallhonorar aufgrund seiner nicht rechtzeitigen Absage fällig ist! Erläutern Sie ihm die Regeln – wenn notwendig – erneut und verweisen Sie auf die unterzeichnete Vereinbarung! Äußern Sie gleichzeitig Verständnis für möglichen Ärger, insbesondere bezüglich der finanziellen Situation! Gehen Sie „geschmeidig" mit Widerstand um und wählen Sie eine Gesprächsführung, welche die therapeutische Beziehung so wenig wie möglich schädigt!

Bitte beginnen Sie mit den folgenden Worten, die Sie vorlesen können: *„Schön, dass Sie heute wieder da sind, Herr Sträter! Ich müsste zu Beginn mit Ihnen über das Ausfallhonorar für die Sitzung in der letzten Woche sprechen."*

Hintergrundinformationen für die Person, die Torben Sträter spielt

Sie haben zwar Probleme mit Depressionen, sind aber im Kontakt manchmal auch etwas impulsiv und leicht reizbar. So ist es auch aktuell: Die Situation mit Ihrem Auto war äußerst ärgerlich und es hat in den letzten Tagen viel Stress für Sie bedeutet, von A nach B zu kommen. Außerdem war die Reparatur eine kostspielige Angelegenheit, die

5.2 Übungen zu „Therapeutische Beziehungsgestaltung"

Sie nicht eingeplant hatten. Aus dem Grund würden Sie sich etwas mehr Verständnis von der Therapeutin wünschen und möchten das Ausfallhonorar eigentlich nicht bezahlen; man könne ja mal eine Ausnahme machen. Sie lassen Ihren Ärger auch durchaus deutlich werden.

Normalerweise sind Sie es in solchen Situationen gewohnt, dass Gespräche leicht eskalieren. Insbesondere wenn jemand anfängt, sich zu rechtfertigen und Sie zu beschuldigen, können Sie sich in solchen Situationen schlecht zurücknehmen. Wenn man Sie dagegen trotz Ihrer Impulsivität fair behandelt und freundlich mit Ihnen umgeht, bekommt man Sie in der Regel gut „eingefangen". Häufig tut Ihnen Ihre Impulsivität dann sogar recht schnell im Nachgang leid. Eigentlich verstehen Sie in dem Fall schon, dass Sie eine Unterschrift geleistet haben und nun aus der nicht rechtzeitigen Absage die Konsequenzen ziehen müssen. Es ist auch nicht so, dass das Ausfallhonorar Sie in den Ruin treiben würde. Es ist halt einfach nur ärgerlich.

Reflexionsfragen
Tauschen Sie sich im Anschluss an das Rollenspiel über folgende Fragen aus:

Wohlbefinden während des Gesprächs

Wie wohl haben Sie sich jeweils in Ihren Rollen während des Gesprächs gefühlt?

•──•
0 %   100 %
(habe mich gar nicht wohl gefühlt)   (habe mich absolut wohl gefühlt)

- Was lief gut? Also was macht den auf der visuellen Analogskala markierten Wert aus?
- Was lief vielleicht nicht so gut? Also was macht den bis 100 % fehlenden Wert auf der visuellen Analogskala aus?

Umsetzung bezüglich Informationen und Ratschläge geben

Wie gut ist die Vermittlung von Informationen (nach dem Prinzip Nachfragen, Information geben, erneut Nachfragen) hinsichtlich der unterschriebenen Regelung zum Ausfallhonorar gelungen?

•──•
0 %   100 %
(hat gar nicht geklappt)   (hat perfekt geklappt)

- Was macht den auf der visuellen Analogskala markierten Wert aus? Also was macht den Anteil aus, der gut gelaufen ist?
- Was macht den bis 100 % fehlenden Wert auf der visuellen Analogskala aus? Also worin bestand das Problem an den Stellen, wo es nicht gelungen ist?

Umsetzung des Umgangs mit „Sustain Talk" und Dissonanz

Wie gut ist der Umgang mit „Sustain Talk" und Dissonanz gelungen? Das meint in diesem Fall insbesondere die Verärgerung über das zu zahlende Ausfallhonorar bzw. die Regelung.

•──•
0 %   100 %
(hat gar nicht geklappt)   (hat perfekt geklappt)

- Was macht den auf der visuellen Analogskala markierten Wert aus? Also was macht den Anteil aus, der gut gelaufen ist?
- Was macht den bis 100 % fehlenden Wert auf der visuellen Analogskala aus? Also worin bestand das Problem an den Stellen, wo es nicht gelungen ist?

Umsetzung der Förderung von „Change Talk"

Wie gut ist die Förderung von „Change Talk" gelungen? „Change Talk" meint in diesem Fall alle Argumente und Aussagen für das Zahlen des Ausfallhonorars.

•──•
0 %   100 %
(hat gar nicht geklappt)   (hat perfekt geklappt)

- Was macht den bis 100 % fehlenden Wert auf der visuellen Analogskala aus? Also worin bestand das Problem an den Stellen, wo es nicht gelungen ist?
- Was macht den auf der visuellen Analogskala markierten Wert aus? Also was macht den Anteil aus, der gut gelaufen ist?

Fazit der Übung
- Was sollte ich in der Therapeuten-Rolle so beibehalten?
- Woran sollte ich weiterarbeiten?
- Machen Sie ggf. einen weiteren Wiederholungs-Durchlauf!

5.2.2 Fallbeispiel eines übergewichtigen jugendlichen Schulvermeiders

Fallvignette
David Beerbaum, ein übergewichtiger, jugendlicher Patient (14 Jahre; BMI von ca. 30 kg/m^2) kommt fremdmotiviert zum Erstgespräch in eine psychotherapeutische Praxis. Seine Hausärztin mache sich Sorgen bezüglich seines Essverhaltens und Gewichts. So esse er häufig „irgendwie die ganze Zeit" über den Tag verteilt und auch

während anderer Aktivitäten, was letztlich zu großen Kalorienmengen führe. Essanfälle sind allerdings nicht zu explorieren. Konkreten Leidensdruck berichtet der Patient nicht, allerdings – so berichten seine Eltern – bezeichne er sich insofern als eingeschränkt, als dass er in der Schule nicht dauerhaft essen könne und teilweise „blau" mache, um zu Hause Computer zu spielen oder fernzusehen und dabei zu „snacken". Dass er in der Schule aufgrund seines Übergewichts teilweise gemobbt würde, reduziere seine Motivation für regelmäßigere Schulbesuche zusätzlich. Nun würden auch noch die schulischen Leistungen nachlassen – was nach Aussage der Eltern kein Grund zur Verwunderung sei, bei den vielen Fehlstunden. Außer David Druck zu machen, hätten sie keine Idee mehr und würden sich hilflos fühlen.

David kommt unfreiwillig zu dem Termin und sitzt mit Blick ins Leere vor Ihnen. Er erscheint wenig gesprächig und kaum bereit, viel von sich preiszugeben. Sie haben die Eltern aus dem Therapieraum geschickt, um alleine mit ihm zu sprechen.

Aufgabenstellung
Bauen Sie eine Beziehung zu David auf, indem Sie sein nonverbalen Verhalten verbalisieren! Geben Sie ggf. Informationen zum Rahmen einer Therapie, um „das Eis zu brechen"! Kommen Sie über die Dinge mit ihm ins Gespräch, die für *ihn* relevant sind! Explorieren Sie also seine Situation! Im besten Fall ist das Ergebnis des Gesprächs, dass Sie einen groben Arbeitsauftrag erhalten und David sich vorstellen kann wiederzukommen.

Bitte beginnen Sie mit den folgenden Worten, die Sie vorlesen können: *„Ich habe gedacht, dass wir uns vielleicht lieber ein bisschen alleine unterhalten. Denn bisher habe ich nur die Sicht deiner Eltern gehört und du bist ziemlich ruhig geblieben."*

Hintergrundinformationen für die Person, die David Beerbaum spielt
Sie sind in den letzten Jahren, gleichzeitig mit Ihrer Gewichtszunahme, zunehmend introvertiert geworden. Mittlerweile sind Sie am liebsten für sich, denn alle anderen machen Ihnen Druck (z. B. Ihre Eltern) oder behandeln Sie schlecht (z. B. Ihre Mitschüler). Aufgrund Ihres Gewichts werden Sie ständig in der Schule gehänselt. Und anstatt dass Ihre Eltern Sie unterstützen, machen sie Ihnen Druck. Als ob Sie den nicht selber genug hätten! Als ob Sie nicht selber wüssten, dass Schule eigentlich wichtig ist und Ihr Gewicht gesundheitsschädlich! Das ist Ihnen alles klar. Aber in Ihrer Situation ist die Flucht in die Computerspiele und ins Essen das einzig Schöne, was Ihnen bleibt. Das finden Sie selber traurig, aber wenn die anderen Sie in Ruhe lassen würden, könnte es ganz ok sein.

Und jetzt kommt auch noch diese Therapeutin und will Ihnen Stress machen... Nach der Hausärztin ist sie wahrscheinlich die nächste, die eine Moralpredigt hält. Da halten Sie lieber erstmal so dicht wie möglich. Nachher wird doch nur alles gegen Sie verwandt. Die tun doch alle am Anfang nur so, als ob Sie nett wären. Und dann geht's los mit „Du musst dies und du musst das..."

Wenn die Therapeutin aber weiter so freundlich und verständnisvoll ist, könnte es sogar sein, dass Sie ihr mehr erzählen. Sie scheint Ihnen wirklich zuhören zu wollen und nicht direkt einen guten Ratschlag parat zu haben. So jemanden brauchen Sie tatsächlich eher als alle sonstigen Personen. Möglicherweise ist diese Therapie doch keine „Gehirnwäsche", sondern ganz in Ihrem Sinne. Dann würden Sie auch wiederkommen wollen. Denn eigentlich möchten Sie den Teufelskreis aus „blau" machen, essen und Computer spielen gerne durchbrechen. Wenn Sie nur wüssten, wie…

Reflexionsfragen
Tauschen Sie sich im Anschluss an das Rollenspiel über folgende Fragen aus:

Wohlbefinden während des Gesprächs

Wie wohl haben Sie sich jeweils in Ihren Rollen während des Gesprächs gefühlt?

•──•
0 %   100 %
(habe mich gar nicht wohl gefühlt)   (habe mich absolut wohl gefühlt)

- Was lief gut? Also was macht den auf der visuellen Analogskala markierten Wert aus?
- Was lief vielleicht nicht so gut? Also was macht den bis 100 % fehlenden Wert auf der visuellen Analogskala aus?

Umsetzung der OARS (offene Fragen, reflektierendes Zuhören, Würdigung und Resümee)

Wie gut ist es gelungen, durch die OARS (offene Fragen, reflektierendes Zuhören, Würdigung und Resümee) ins Gespräch zu kommen? Hier liegt insbesondere ein Schwerpunkt auf dem reflektierenden Zuhören, nämlich zu Beginn insbesondere der Reflexion von nonverbalem Verhalten

•──•
0 %   100 %
(hat gar nicht geklappt)   (hat perfekt geklappt)

- Was macht den auf der visuellen Analogskala markierten Wert aus? Also was macht den Anteil aus, der gut gelaufen ist?
- Was macht den bis 100 % fehlenden Wert auf der visuellen Analogskala aus? Also worin bestand das Problem an den Stellen, wo es nicht gelungen ist?

5.2 Übungen zu „Therapeutische Beziehungsgestaltung"

Umsetzung bezüglich Informationen und Ratschläge geben

Wie gut ist die Vermittlung von Informationen (nach dem Prinzip Nachfragen, Information geben und erneut Nachfragen) dazu, was eine Psychotherapie ist und wozu sie dient, gelungen?

•───•
0 %   100 %
(hat gar nicht geklappt)   (hat perfekt geklappt)

- Was macht den auf der visuellen Analogskala markierten Wert aus?
  Also was macht den Anteil aus, der gut gelaufen ist?
- Was macht den bis 100 % fehlenden Wert auf der visuellen Analogskala aus?
  Also worin bestand das Problem an den Stellen, wo es nicht gelungen ist?

Umsetzung des Umgangs mit „Sustain Talk" und Dissonanz

Wie gut ist der Umgang mit „Sustain Talk" und Dissonanz gelungen? Das meint in diesem Fall insbesondere jegliche Abwehr des Beziehungsaufbaus bzw. Abwertung der Therapeutin

•───•
0 %   100 %
(hat gar nicht geklappt)   (hat perfekt geklappt)

- Was macht den auf der visuellen Analogskala markierten Wert aus?
  Also was macht den Anteil aus, der gut gelaufen ist?
- Was macht den bis 100 % fehlenden Wert auf der visuellen Analogskala aus?
  Also worin bestand das Problem an den Stellen, wo es nicht gelungen ist?

Umsetzung der Förderung von „Change Talk"

Wie gut ist die Förderung von „Change Talk" gelungen? „Change Talk" meint in diesem Fall insbesondere alle Argumente für das sich Einlassen auf Hilfe bzw. gegen das Verschließen vor Hilfe.

•───•
0 %   100 %
(hat gar nicht geklappt)   (hat perfekt geklappt)

- Was macht den auf der visuellen Analogskala markierten Wert aus?
  Also was macht den Anteil aus, der gut gelaufen ist?
- Was macht den bis 100 % fehlenden Wert auf der visuellen Analogskala aus?
  Also worin bestand das Problem an den Stellen, wo es nicht gelungen ist?

Fazit der Übung
- Was sollte ich in der Therapeuten-Rolle so beibehalten?
- Woran sollte ich weiterarbeiten?
- Machen Sie ggf. einen weiteren Wiederholungs-Durchlauf!

5.3 Übungen zu „Diagnostik"

Bei der Station „Diagnostik" (siehe auch Abschn. 2.2) geht es um das korrekte Diagnostizieren psychischer Erkrankungen bzw. um das Feststellen von deren Abwesenheit. Diagnostik kann in unterschiedlichen Formen stattfinden, von einfacher Exploration oder Verhaltensbeobachtung im Erstgespräch bis hin zum strukturierten klinischen Interview.
Inhaltliche Beispiele können dementsprechend sein:

- Die offene Exploration von Beschwerden eines Patienten, z. B. im Erstgespräch.
- Die Abklärung von Symptomen hinsichtlich einer konkreten Verdachtsdiagnose.
- Die Exploration von Symptomen zur Erstellung eines Störungsmodells.
- Die Erhebung von soziodemographischen Daten oder biographischen Daten (z. B. Lebenslinie) im Zusammenhang mit bestimmten Beschwerden.
- Usw.

Im Zusammenhang mit der (offenen) Exploration ist das Vorgehen nach dem MI für die Diagnostik gut geeignet: Die OARS (Abschn. 4.4) bieten eine gute Grundlage für die Erhebung von z. B. Symptomen im Gespräch, ohne dass es zu einem Verhör oder reinen „Abhaken" einer Checkliste kommt. Durch das reflektierende Zuhören (Abschn. 4.4.3) entsteht außerdem eine wichtige Feedback-Schleife zur – sofern nötig – Richtigstellung von Missverständnissen.
Die Förderung von „Change Talk" sollte dagegen in diesem Themenbereich weniger Relevanz haben. Gleiches gilt für den Umgang mit „Sustain Talk" und Dissonanz, sofern sich nicht unvorhersehbare Schwierigkeiten in der Interaktion ergeben. Grundsätzlich ist für die Station „Diagnostik" ein stärker strukturierendes bzw. lenkendes Vorgehen auf Therapeutenseite erforderlich als in anderen Bereichen. So können hier beispielsweise mehr geschlossene Fragen nötig sein als es typisch für das MI ist.

> Für die Station „Diagnostik" bieten sich die OARS zur (offenen) Exploration an. Das reflektierende Zuhören erfüllt insbesondere den Zweck des Abgleichs von Verstandenem und Gemeintem. Eine diagnostische Abklärung erfordert grundsätzlich mehr Strukturierung bzw. Lenkung durch den Therapeuten.

5.3.1 Fallbeispiel eines Opfers von rechtsextremer Gewalt

Fallvignette
Herr Baki Yildiz, 31 Jahre alt, kommt auf Empfehlung der Polizei zu Ihnen in die psychotherapeutische Praxis. Herr Yildiz ist türkischer Herkunft, lebt aber bereits seit seiner Kindheit in Deutschland und spricht fließend deutsch. Aufgrund seines ausländischen Aussehens sei er vor zwei Monaten Opfer von rechtsextremer Gewalt geworden. Eine Gruppe von vier Jugendlichen habe ihn abends auf seinem Nachhauseweg von einer Kneipe verfolgt und letztlich in einer Seitenstraße angegriffen. Bei dem Angriff seien ihm zwei Rippen und die Nase gebrochen worden. Möglicherweise wäre noch mehr passiert, da er sich nicht habe befreien können, wenn nicht zufällig ein Streifenwagen der Polizei vorbeigekommen wäre. In dem Moment hätten die vier Täter die Flucht in unterschiedliche Richtungen ergriffen. Allerdings hätten sie sich zuvor bereits einige Zeit an Herrn Yildiz zu schaffen gemacht.

Der Patient habe zunächst gehofft, die Problematik würde von selbst abflachen. Jedoch ist er immer noch sehr belastet sowie beeinträchtigt und scheint die Diagnose einer Posttraumatischen Belastungsstörung zu erfüllen.

Aufgabenstellung
Explorieren Sie die Symptomatik (Belastung und Beeinträchtigung) des Patienten! Klären Sie in dem Rahmen die Verdachtsdiagnose einer Posttraumatischen Belastungsstörung ab (= zentrale Punkte der diagnostischen Kriterien überprüfen)! Achten Sie dabei auf eine sensible Art der Gesprächsführung, wenn Sie die Informationen erheben! Es soll kein „Verhör" zu den diagnostischen Kriterien entstehen. Informieren Sie Herrn Yildiz zum Abschluss des Gesprächs über Ihre Verdachtsdiagnose!

Beginnen Sie das Gespräch mit den folgenden Worten, die Sie vorlesen dürfen: *„Was Ihnen passiert ist, tut mir sehr leid, Herr Yildiz! Ich würde gerne etwas genauer verstehen, was für Sie momentan besonders belastend und beeinträchtigend ist."*

Hintergrundinformationen zu der Person, die Baki Yildiz spielt
Sie leben seit Ihrer Kindheit in Deutschland und fühlen sich hier als Deutscher zu Hause. Aufgrund Ihrer türkischen Wurzeln und da Sie in der Türkei Familie haben, sehen Sie sich jedoch auch als Türke. Diskriminierung und Ausländerfeindlichkeit ist Ihnen leider immer mal wieder begegnet. Das ist jedes Mal verletzend, aber da Sie ansonsten gut sozial integriert sind und sowohl türkische als auch deutsche Freunde, Arbeitskollegen etc. haben, sehen Sie in solch unschönen Ausnahmefällen darüber hinweg. Sie fühlen sich in Deutschland im Großen und Ganzen sehr wohl, leben mit Ihrer Freundin (ebenfalls türkische Wurzeln) zusammen und können Ihrem Beruf als Biologe an einer Universität nachgehen. Insofern leben Sie eigentlich ein erfülltes Leben mit vielen Ressourcen. Opfer einer Gewalttat sind Sie bisher noch nicht geworden.

Der Angriff vor gut zwei Monaten war ein einschneidendes Erlebnis. Seitdem erkennen Sie sich nicht wieder. Sie hatten Todesangst und sind auch immernoch überzeugt davon, dass die vier Jugendlichen Sie umgebracht hätten, wenn nicht die Polizei gekommen wäre. Die Ecke, wo der Angriff erfolgte, ist als „gefährliches Pflaster" verschrien. Der Weg dort entlang stellt eine Abkürzung zu Ihrer Wohnung dar. Sie machen sich große Vorwürfe, wie Sie „so blöd sein konnten, da lang zu laufen". Im Krankenhaus haben sich die Verletzungen zum Glück als komplett reversibel herausgestellt. Jedoch haben Sie teilweise starke Schmerzen und die psychischen Konsequenzen sind immens: Sie sind massiv nervös, schreckhaft und haben Alpträume, in denen Sie versuchen, vor der traumatischen Situation wegzulaufen. Einschlafen fällt Ihnen sehr schwer und häufig schrecken Sie auf. Ständig drehen Sie sich um, wenn Sie irgendwo entlanglaufen. Am liebsten möchten Sie gar nicht mehr alleine unterwegs sein. Im Dunkeln gehen Sie seitdem nicht mehr raus und den Tatort meiden Sie komplett (was Ihnen allerdings von der Polizei auch geraten wurde). Wenn Sie eine Gruppe von Jugendlichen sehen, insbesondere in schwarzer Kleidung, fühlen Sie sich plötzlich kurz so, als wären Sie wieder in der Situation. Auch der Geruch von Zigaretten (die Jugendlichen hatten geraucht) oder das Geräusch von plötzlichen Schritten in einer ruhigen Umgebung kann eine ähnliche Reaktion bei Ihnen auslösen. Diesen Zustand, der Sie ja theoretisch überall „überfallen" kann, erleben Sie als unkontrollierbar und dadurch besonders belastend. Sie fühlen sich völlig verängstigt – und das ist untypisch für Sie.

Eigentlich dachten Sie, dass es bestimmt von alleine besser werden würde. Ihr soziales Netz (Partnerin, Freunde, Arbeitskollegen) sind schließlich alle für Sie da, was Sie sehr zu schätzen wissen. Aber da es nicht besser wird und die Polizei Ihnen schon die Empfehlung gegeben hatte, suchen Sie jetzt psychotherapeutische Hilfe.

Reflexionsfragen
Tauschen Sie sich im Anschluss an das Rollenspiel über folgende Fragen aus:

Wohlbefinden während des Gesprächs

Wie wohl haben Sie sich jeweils in Ihren Rollen während des Gesprächs gefühlt?

•————————————————————————————————•
0 %   100 %
(habe mich gar nicht wohl gefühlt)   (habe mich absolut wohl gefühlt)

- Was lief gut? Also was macht den auf der visuellen Analogskala markierten Wert aus?
- Was lief vielleicht nicht so gut? Also was macht den bis 100 % fehlenden Wert auf der visuellen Analogskala aus?

5.3 Übungen zu „Diagnostik"

Umsetzung der OARS (offene Fragen, reflektierendes Zuhören, Würdigung und Resümee)

Wie gut ist eine Exploration der Symptomatik durch die OARS (offene Fragen, reflektierendes Zuhören, Würdigung und Resümee) gelungen?

•───•
0 %   100 %
(hat gar nicht geklappt)   (hat perfekt geklappt)

- Was macht den auf der visuellen Analogskala markierten Wert aus? Also was macht den Anteil aus, der gut gelaufen ist?
- Was macht den bis 100 % fehlenden Wert auf der visuellen Analogskala aus? Also worin bestand das Problem an den Stellen, wo es nicht gelungen ist?

Umsetzung bezüglich Informationen und Ratschläge geben

Wie gut ist die Vermittlung von Informationen (nach dem Prinzip Nachfragen, Information geben und erneut Nachfragen) hinsichtlich der Ergebnisse Ihrer Exploration bzw. der PTBS-Verdachtsdiagnose gelungen?

•───•
0 %   100 %
(hat gar nicht geklappt)   (hat perfekt geklappt)

- Was macht den auf der visuellen Analogskala markierten Wert aus? Also was macht den Anteil aus, der gut gelaufen ist?
- Was macht den bis 100 % fehlenden Wert auf der visuellen Analogskala aus? Also worin bestand das Problem an den Stellen, wo es nicht gelungen ist?

Fazit der Übung
- Was sollte ich in der Therapeuten-Rolle so beibehalten?
- Woran sollte ich weiterarbeiten?
- Machen Sie ggf. einen weiteren Wiederholungs-Durchlauf!

5.3.2 Fallbeispiel zu Trennungsängsten bei einem Kleinkind

Fallvignette
Frau Lisa Mühling, 38 Jahre alt, ist Mutter eines zweijährigen Jungen (Timo) und kommt in die Beratungsstelle. Sie berichtet, dass die Eingewöhnung ihres Sohnes in der Kita missglückt sei, worauf sich die Familie entschieden habe, ihn doch erst mit etwas Verzögerung in die Betreuung zu geben. Nun würden sich allerdings auch zunehmend

Schwierigkeiten ergeben, wenn der Junge mit seinem Vater oder den Großeltern alleine bleiben solle. Die Mutter sei sehr eingeschränkt, weil sie kaum noch einen Schritt ohne den Sohn unternehmen könne. Die Unterstützung durch den Ehemann und Vater des Kindes bzw. die Großeltern bestehe zwar, werde aber aufgrund vehementer Proteste des Sohnes nicht mehr genutzt. Frau Mühling möchte eigentlich gerne wieder in ihren Job als Ingenieurin einsteigen, was sie seit der missglückten Kita-Eingewöhnung jedoch in weite Ferne gerückt sieht. Darüber sei sie sehr enttäuscht. Außerdem wünsche sich die Mutter nach zwei Jahren mit einem kleinen Kind wieder mehr Freiheiten zurück. Gleichzeitig habe sie große Sorgen, ihrem geliebten Sohn zu viel zuzumuten.

Aufgabenstellung
Explorieren Sie auf empathische und möglichst wenig suggestive Weise die Situation von Frau Mühling und Ihrem Sohn! Bitten Sie die Patientin um ein typisches Beispiel zur Veranschaulichung! Versuchen Sie, ein störungsunspezifisches Bedingungsmodell des Problems (z. B. SORKC-Modell) zu erstellen, in welchem Sie Frau Mühlings Reaktion bzw. Verhalten ins Zentrum rücken: Welches Problem(verhalten) zeigt sie, welche Konsequenzen ergeben sich daraus und was charakterisiert die Situationen, in denen es dazu kommt? Erläutern Sie Frau Mühling das Ergebnis Ihrer Exploration!

Beginnen Sie das Gespräch mit den folgenden Worten, die Sie vorlesen dürfen: „*Das klingt ganz so, als ob Sie Ihren Alltag momentan sehr eingeschränkt und beeinträchtigt erleben würden. Ich möchte mir eine solche, typische Situation, in der es mit Ihrem Sohn schwierig ist, gerne genauer mit Ihnen anschauen!*"

Hintergrundinformationen zu der Person, die Lisa Mühling spielt
Als grundsätzlich eher rationale Ingenieurin sind Sie mit der momentanen Situation überfordert. Ihnen ist nicht klar, warum es so weit gekommen ist und was Sie falsch gemacht haben. Irgendwie haben Sie sich zunehmend in Ihr eigenes kleines Gefängnis gesperrt, so lieb Sie Ihren kleinen Sohn auch haben. Wenn er schon sieht, dass Sie Jacke und Tasche greifen bzw. sich auf einen „Abschied" vorbereiten, klammert sich Ihr Sohn an Ihr Bein und macht eine Szene, die sich gewaschen hat: Schreien, Weinen und Hauen sind eher die Regel als die Ausnahme. Mit Ihrem Mann will Timo in dem Augenblick nichts zu tun haben; das macht es sogar häufig eher schlimmer. Wenn Ihr Sohn einen solchen, verzweifelten Wutanfall bekommt, reagieren Sie mittlerweile ebenfalls recht verzweifelt und „knicken" auch sofort „ein". Lange Diskussionen mit Timo, die er vermutlich eh nicht in der Tiefe versteht, zögern die „Abschiedsszene" hinaus und führen dazu, dass Sie Jacke und Tasche schließlich wieder weglegen. Sie haben einfach große Angst davor, Timo einen Schaden zuzufügen, wenn Sie einfach gehen und ihn bei Ihrem Mann lassen würden. Eigentlich finden Sie es verrückt, denn Zeit mit dem Vater sollte doch keine „Strafe" sein. Aber seine heftige Reaktion verunsichert Sie, sodass Sie

selber schon völlig ängstlich sind und mit einem unsicheren, angespannten Gefühl in angestrebte Ablöse-Situationen gehen. Auf sein Anklammern reagieren Sie meist zittrig und traurig bis hoffnungslos. In der Konsequenz, wenn Ihr Sohn klar bemerkt, dass Sie nun bleiben (Jacke ausgezogen etc.), geht es ihm recht schnell deutlich besser, was ihr schlechtes Gefühl kurzfristig verschwinden lässt. Langfristig ärgern Sie sich zunehmend über die Einschränkungen bzw. werden immer hoffnungsloser, dass es mit dem baldigen Wiedereinstieg auf der Arbeit klappen wird.

Reflexionsfragen
Tauschen Sie sich im Anschluss an das Rollenspiel über folgende Fragen aus:

Wohlbefinden während des Gesprächs

Wie wohl haben Sie sich jeweils in Ihren Rollen während des Gesprächs gefühlt?

•──•
0 %   100 %
(habe mich gar nicht wohl gefühlt)   (habe mich absolut wohl gefühlt)

- Was lief gut? Also was macht den auf der visuellen Analogskala markierten Wert aus?
- Was lief vielleicht nicht so gut? Also was macht den bis 100 % fehlenden Wert auf der visuellen Analogskala aus?

Umsetzung der OARS (offene Fragen, reflektierendes Zuhören, Würdigung und Resümee)

Wie gut ist eine empathische und wenig suggestive Exploration der Situation (z. B. anhand des SORKC-Modells) durch die OARS (offene Fragen, reflektierendes Zuhören, Würdigung und Resümee) gelungen?

•──•
0 %   100 %
(hat gar nicht geklappt)   (hat perfekt geklappt)

- Was macht den auf der visuellen Analogskala markierten Wert aus? Also was macht den Anteil aus, der gut gelaufen ist?
- Was macht den bis 100 % fehlenden Wert auf der visuellen Analogskala aus? Also worin bestand das Problem an den Stellen, wo es nicht gelungen ist?

Umsetzung bezüglich Informationen und Ratschläge geben

Wie gut ist die Vermittlung von Informationen (nach dem Prinzip Nachfragen, Information geben, erneut Nachfragen) zum Störungsmodell bzw. wie die dort beschriebenen Faktoren zusammenhängen gelungen (z. B. wie auslösende und aufrechterhaltenden Bedingungen zusammenhängen)?

```
•────────────────────────────────────────────────•
0 %                                           100 %
(hat gar nicht geklappt)              (hat perfekt geklappt)
```

- Was macht den auf der visuellen Analogskala markierten Wert aus? Also was macht den Anteil aus, der gut gelaufen ist?
- Was macht den bis 100 % fehlenden Wert auf der visuellen Analogskala aus? Also worin bestand das Problem an den Stellen, wo es nicht gelungen ist?

Fazit der Übung
- Was sollte ich in der Therapeuten-Rolle so beibehalten?
- Woran sollte ich weiterarbeiten?
- Machen Sie ggf. einen weiteren Wiederholungs-Durchlauf!

5.4 Übungen zu „Patienteninformation und Patientenaufklärung"

Bei der „Patienteninformation und Patientenaufklärung" (siehe auch Abschn. 2.2) soll eine selbstbestimmte Patientenentscheidung gefördert werden. Es geht dabei insbesondere um die Vermittlung der Möglichkeiten und Rahmenbedingungen einer Therapie, u. a. hinsichtlich der Patientenrechte. Der Bereich weist Tendenzen zur Überschneidung mit der Station „Leitlinienorientierte Behandlungsempfehlungen" (Abschn. 5.5) auf.

Inhaltliche Beispiele können sein:

- Aufklärung über Nebenwirkungen einer bestimmten Behandlung.
- Aufklärung über Rechte des Patienten (z. B. Recht auf Einsicht der Behandlungsunterlagen, Recht auf Schweigepflicht des Therapeuten) und Pflichten des Therapeuten (z. B. Brechen der Schweigepflicht bei Selbst- oder Fremdgefährdung).
- Informationen zu unterschiedlichen Settings (z. B. ambulante vs. stationäre Psychotherapie, Einzelbehandlung vs. Gruppenbehandlung).
- Informationen zur Sitzungsdauer, zum zeitlichen Umfang der Behandlung sowie zur Regelmäßigkeit der Termine.
- Informationen zur Kostenübernahme bzw. zur Ausfallhonorarregelung.
- Informationen zum grundsätzlichen Vorgehen in einem Richtlinienverfahren.
- Usw.

5.4 Übungen zu „Patienteninformation und Patientenaufklärung"

Diese Station verlangt vom Therapeuten einen verhältnismäßig hohen Redeanteil, weil der Schwerpunkt auf der Vermittlung von Informationen liegt. Deshalb ist insbesondere die MI-Kernkompetenz „Informationen und Ratschläge geben" (Abschn. 4.4.5) von Bedeutung. Allerdings macht es nicht durchgängig Sinn, an der Struktur „Nachfragen, Information geben, nachfragen" festzuhalten, weil das erste Nachfragen hinsichtlich der Aufklärungspflicht des Therapeuten ein stückweit hinfällig ist. Eine Ankündigung der Information in Form von „Ich würde Sie heute gerne über einige Möglichkeiten und Rahmenbedingungen von Therapie aufklären." kann eine Alternative sein. Das zweite Nachfrage, um den Patienten nach der vermittelten Information wieder „ins Boot" zu holen (z. B. zum Nachfragen ermuntern), erscheint dagegen von großer Relevanz. Es ermöglicht einen Dialog, wohingegen eine reine Informationsvermittlung ein Monolog des Therapeuten wäre. Letzteres ist unbedingt zu vermeiden und würde im Sinne einer Prüfungsleistung auch keine Handlungskompetenz, sondern eine reine Wissensabfrage darstellen. Um einen Gesprächscharakter zu erreichen, bieten sich darüber hinaus erneut die OARS an. Der Umgang mit „Sustain Talk" und Dissonanz könnte bei Informationen, die dem Patienten nicht gut gefallen, zum Tragen kommen. Förderung von „Change Talk" scheint weniger relevant.

> Auch wenn die Station „Patienteninformation und Patientenaufklärung" einen größeren Redeanteil auf Therapeutenseite verlangt als andere Stationen, ist unbedingt zu vermeiden, in einen Monolog zu verfallen. Der Schwerpunkt muss auf dem „Wie" der Vermittlung liegen und nicht auf dem „Was" in Form von der Auflistung auswendig gelernter Inhalte. Das MI-Vorgehen kann helfen, einen kooperativen Dialog zu gestalten.

5.4.1 Fallbeispiel einer depressiven Mutter

Fallvignette
Die 38-jährige Michelle Kühnert sucht Ihre psychotherapeutische Praxis auf, weil sie sich seit einigen Wochen extrem gestresst und niedergeschlagen fühlt. Frau Kühnert ist alleinerziehende Mutter und hat zwei Kinder im Alter von sechs und acht Jahren. Beruflich sei sie als zahnmedizinische Fachangestellte tätig. Sie berichtet, dass sie seit der Trennung von ihrem Mann vor vier Jahren etwa drei depressive Phasen erlebt habe. Diese seien in der Regel nach ein paar Wochen überwunden gewesen. Seit einigen Wochen jedoch spüre sie eine zunehmende Schwere und Antriebslosigkeit, wie sie es bisher nicht gekannt habe. Sie sei oft müde und könne sich nur noch schwer auf ihre Arbeit konzentrieren. Auch das Leben mit ihren Kindern falle ihr immer mehr zur Last und sie empfinde oft keinen Spaß mehr an Dingen, die ihr früher Freude gemacht haben. Zudem habe sie in den letzten Wochen an Gewicht verloren und fühle sich schlapp sowie energielos. Sie berichtet auch, dass ihre Familie und Freunde sich in letzter Zeit immer

öfter Sorgen um sie machen würden und ihr geraten hätten, sich professionelle Hilfe zu suchen. Sie sei vor allem wegen Ihrer Familie und Freunde zu dem Gespräch erschienen und habe selbst keine richtige Vorstellung davon, wie Psychotherapie ihr helfen solle. Insgesamt habe sie wenig Vorstellungen von den Rahmenbedingungen und ob solche Termine überhaupt in ihr Leben passen. Die Patientin ist außerdem etwas skeptisch, einer fremden Person ihre tiefsten Gefühle anzuvertrauen, und ist auch über die Mitschrift, die Sie während der Therapie anfertigen, nicht besonders begeistert.

Sie gehen – auch wenn das diagnostische Interview noch aussteht – bei Frau Kühnert von der Diagnose einer rezidivierenden Depression, gegenwärtig mittelgradige Episode, aus. Die Patientin hat Ihnen etwas verhalten von den Problemen berichtet. Im Folgenden möchten Sie der Patientin einige Informationen geben, damit sie eine aufgeklärte Entscheidung für oder gegen die Therapie treffen kann.

Aufgabenstellung
Informieren Sie Frau Kühnert über die Rahmenbedingungen einer Therapie! Gehen Sie dabei auch auf ihre Bedenken ein! Ermutigen Sie sie, Fragen zu stellen und sich aktiv an der Entscheidungsfindung zu beteiligen. Ziel ist es, einen groben Arbeitsauftrag zu erhalten und eine gemeinsame Entscheidung zu treffen, ob ein nächster Sitzungstermin vereinbart werden soll.

Beginnen Sie das Gespräch mit den folgenden Worten: *„Gerade habe ich ja schon gesagt, dass ich bei Ihnen von der Diagnose einer Depression ausgehe. Nachdem ich nun ein bisschen von Ihnen erfahren habe, würde ich gerne mit Ihnen darüber sprechen, welche Rahmenbedingungen mit einer Therapie der Depression einhergehen. Auch Ihre Zweifel sind dabei wichtig, um eine Entscheidung für oder gegen die Therapie zu treffen."*

Hintergrundinformationen für die Person, die Michelle Kühnert spielt
Sie sehen Ihre Doppelbelastung als berufstätige Frau einerseits und alleinerziehende Mutter andererseits als Ursache für Ihre depressiven Phasen. Ihnen ist nicht klar, wie eine Psychotherapie diese Punkte verbessern sollte. Ihrer Arbeit in dem netten Praxis-Team gehen Sie eigentlich gerne nach und Ihre Kinder lieben Sie über alles, aber es ist wohl doch insgesamt etwas viel. Wie eine Therapie Ihnen helfen kann, ist Ihnen nicht klar. Denn sie wird Ihnen schließlich nicht den Workload auf der Arbeit reduzieren oder die Kinder betreuen. Für Letzteres würden Sie eher Ihren Ex-Mann in der Pflicht sehen, aber obwohl Sie zu ihm ein relativ gutes Verhältnis haben, sehen Sie es als eine Niederlage an, ihn diesbezüglich um Hilfe zu bitten. Dass Ihr negatives Denken dabei ein Hindernis darstellt, ist Ihnen bewusst und dafür würden Sie sich auch eine Veränderung wünschen. Manchmal hätten Sie gerne das Gefühl, von Ihrem Perfektionismus abweichen zu können und nicht gleich an den besagten „Zacken" denken zu müssen, den Sie sich dabei „aus der Krone brechen" würden. Ihren Kindern wären Sie außerdem gerne ein besseres Vorbild, haben Angst vor einem „Abfärben" der Symptomatik und würden auch gerne wieder mehr Freude mit ihnen empfinden. Dieses Ziel ist Ihnen auch etwas Anstrengung wert. Denn es belastet Sie in den letzten Tagen zunehmend, dass

Sie mit der depressiven Stimmung nicht die Mutter sein können, die Sie gerne wären. Schließlich sind die Tage, die Ihre Kinder noch solch ein Interesse an Ihnen haben, auch gezählt, je älter Sie werden.

Bezüglich der Therapie haben Sie ein paar Vorbehalte und sind mehr auf Anraten Ihrer Freunde und Familie gekommen. Der Therapeutin alles zu erzählen, ist Ihnen nicht geheuer. Und dass sogar vieles aufgeschrieben wird, finden Sie auch eher unangenehm. Die Dinge erzählen Sie schließlich kaum jemandem. Und wenn Sie jetzt jede Woche mehrmals hierherkommen sollen, ist Ihnen das zu viel. Sie sind jedoch eine, in solchen neuen Kontakten eher zurückhaltende Person. Deshalb äußern Sie Ihre Bedenken eher zaghaft. Aber bei der netten Therapeutin trauen Sie sich doch, zunehmend Fragen zu den Rahmenbedingungen zu stellen: Warum so viel mitgeschrieben wird, wer das lesen darf, wie das in einer Therapie abläuft (inhaltlich und organisatorisch), usw.

Reflexionsfragen
Tauschen Sie sich im Anschluss an das Rollenspiel über folgende Fragen aus:

Wohlbefinden während des Gesprächs

Wie wohl haben Sie sich jeweils in Ihren Rollen während des Gesprächs gefühlt?

•─────────────────────────────────•
0 % 100 %
(habe mich gar nicht wohl gefühlt) (habe mich absolut wohl gefühlt)

- Was lief gut? Also was macht den auf der visuellen Analogskala markierten Wert aus?
- Was lief vielleicht nicht so gut? Also was macht den bis 100 % fehlenden Wert auf der visuellen Analogskala aus?

Umsetzung der OARS (offene Fragen, reflektierendes Zuhören, Würdigung und Resümee)

Wie gut ist es gelungen, durch die OARS (offene Fragen, reflektierendes Zuhören, Würdigung und Resümee) ein offenes Gespräch zur Exploration von Frau Kühnerts Situation zu gestalten? Hier geht es insbesondere um die Exploration von den Anliegen / Zielen / Motiven der Patientin

•─────────────────────────────────•
0 % 100 %
(hat gar nicht geklappt) (hat perfekt geklappt)

- Was macht den auf der visuellen Analogskala markierten Wert aus? Also was macht den Anteil aus, der gut gelaufen ist?
- Was macht den bis 100 % fehlenden Wert auf der visuellen Analogskala aus? Also worin bestand das Problem an den Stellen, wo es nicht gelungen ist?

Umsetzung bezüglich Informationen und Ratschläge geben

Wie gut ist die Vermittlung von Informationen (insbesondere die Einbindung der Informationen ins Gespräch) (nach dem Prinzip Nachfragen, Information geben und erneut Nachfragen) dazu, inwiefern die Patientin von einer Behandlung profitieren könnte, gelungen?

•——•
0 %   100 %
(hat gar nicht geklappt)   (hat perfekt geklappt)

- Was macht den auf der visuellen Analogskala markierten Wert aus? Also was macht den Anteil aus, der gut gelaufen ist?
- Was macht den bis 100 % fehlenden Wert auf der visuellen Analogskala aus? Also worin bestand das Problem an den Stellen, wo es nicht gelungen ist?

Umsetzung des Umgangs mit „Sustain Talk" und Dissonanz

Wie gut ist der Umgang mit „Sustain Talk" und Dissonanz gelungen? Das meint in diesem Fall insbesondere potenzielle Aussagen dazu, dass nicht eine Therapie, sondern nur eine Reduktion des Workloads etc. hilfreich seien

•——•
0 %   100 %
(hat gar nicht geklappt)   (hat perfekt geklappt)

Fazit der Übung
- Was sollte ich in der Therapeuten-Rolle so beibehalten?
- Woran sollte ich weiterarbeiten?
- Machen Sie ggf. einen weiteren Wiederholungs-Durchlauf!

5.4.2 Fallbeispiel zu Trennungsängsten bei einem Schulkind

Fallvignette
Die 7-jährige Lina kam in den letzten Wochen für die ersten probatorischen Sitzungen gemeinsam mit ihrer leiblichen Mutter Selina Mohr zu Ihnen in die psychotherapeutische Praxis. Vorstellungsanlass waren ausgeprägte Trennungsängste mit starken körperlichen Symptomen (Bauchschmerzen und Erbrechen) in allen Situationen, in denen Lina sich von ihrer Mutter trennen muss. Diese führen u. a. dazu, dass Lina der Schule aktuell im Schnitt an ein bis zwei von fünf Tagen in der Woche fernbleibt. Auch zum Schwimmverein geht Lina nur in Begleitung ihrer Mutter und wenn diese am Beckenrand sichtbar verbleibt. Spielnachmittage und andere Verabredungen mit

5.4 Übungen zu „Patienteninformation und Patientenaufklärung"

Freundinnen sind ihr ebenso nur in Begleitung von Frau Mohr möglich. In der multimodalen Diagnostik konnten Sie bereits eine emotionale Störung des Kindesalters mit Trennungsangst sichern. Konsiliarisch wurden somatische Ursachen der körperlichen Symptome durch die Kinderärztin bereits ausgeschlossen.

Frau Mohr macht sich große Sorgen um ihre Tochter und wünscht sich, dass diese den Schulbesuch wieder regelmäßig und vollumfänglich aufnimmt. Gleichzeitig zeigt sich die Mutter hochbesorgt um den Gesundheitszustand ihrer Tochter und befürchtet, dass hinter der oben geschilderten körperlichen Symptomatik „etwas Schlimmes stecken könnte".

Bei Mitteilung der Diagnose und Vermittlung des indizierten, expositionsbasierten Behandlungsansatzes zeigt die Mutter deutliche Ambivalenzen. Sie wünscht sich einerseits Unterstützung dabei, dass Lina wieder zur Schule geht. Andererseits möchte sie ihrer Tochter die Belastung in Trennungssituationen nicht zumuten und hat Angst, schlimme körperliche Symptome ihrer Tochter zu provozieren und sie zu überfordern, wenn sie sie „alleine lässt".

Nun haben Sie Frau Mohr turnusmäßig eine Woche nicht gesehen. Heute soll es im Abschlussgespräch der Probatorik um eine Entscheidung für oder gegen die Therapie bzw. die indizierte Expositionsbehandlung gehen.

Aufgabenstellung
Erläutern Sie Frau Mohr erneut kurz das geplante, expositionsbasierte Vorgehen und geben Sie – wo nötig – weitere Informationen zum Rahmen! Bedienen Sie sich dabei einer sensiblen Gesprächsführung hinsichtlich der Ambivalenzen von Frau Mohr, insbesondere bezüglich ihrer Sorgen und Ängste! Motivieren Sie sie für den Einstieg in die ambulante Therapie! Es muss im Gespräch *nicht* zwangsweise zur abschließenden Entscheidung für oder gegen die Behandlung kommen.

Sie beginnen das Gespräch mit den folgenden Worten, die Sie vorlesen dürfen: *„Ich freue mich darüber, Sie heute hier zu sehen, um das weitere Vorgehen in der Expositionsbehandlung mit Ihnen zu besprechen. Sie haben dazu ja bereits viele Informationen bekommen und nun möchte ich mit Ihnen gerne besprechen, wie es weitergeht."*

Hintergrundinformationen für die Person, die Selina Mohr spielt
Sie sind ein ängstlicher, unsicherer Mensch. Ihre Tochter bedeutet Ihnen alles und nach dem Unfalltod Ihres Mannes bzw. Linas Vaters vor 6 Jahren liegt Ihnen alles daran, Ihre Rolle als Mutter „richtig auszufüllen". Sie haben große Sorge, dass Ihre Tochter, die ja schon ihren Vater verloren hat, einen Schaden davon trägt, und möchten sie vor allem Bösen und Schlechten beschützen. Insofern passt es nicht gut in Ihr Selbstbild, dass Sie ihre Tochter, obwohl diese über Bauschmerzen klagt und erbricht, in die Schule schicken sollen. Gleichzeitig macht die Schule Druck und droht an, ein Bußgeldverfahren einzuleiten, wenn Lina weiterhin so unregelmäßig die Schule besucht.

Die Aussicht, Trennungssituationen mit der Tochter üben zu müssen, ängstigt Sie vor dem Hintergrund, die einzige verlässliche Bezugsperson für Ihre Tochter zu sein. Gleichzeitig erscheint Ihnen das durch die Therapeutin vermittelte Therapierational schlüssig und stimmig, aber dennoch zweifeln Sie an der Umsetzbarkeit von entsprechenden Expositionsübungen. Sie fragen sich, ob Sie dazu die Kraft finden oder ob Sie dadurch das enge Band zwischen Ihnen und Ihrer Tochter womöglich für immer zerstören würden. Ein bisschen Hoffnung haben Sie auf der anderen Seite, dass dies auch eine Entwicklungs-Chance für Lina sein könnte, um z. B. neue Freundschaften zu knüpfen oder interessante Aktivitäten in Angriff zu nehmen. Insofern sind Sie relativ therapiemotiviert, gestehen dem Therapeuten aber auch Ihre Zweifel, sich und Ihrer Tochter das Vorgehen im Rahmen der Expositionsbehandlung zuzutrauen.

Wohlbefinden während des Gesprächs

Wie wohl haben Sie sich jeweils in Ihren Rollen während des Gesprächs gefühlt?

•──•
0 %   100 %
(habe mich gar nicht wohl gefühlt)   (habe mich absolut wohl gefühlt)

- Was lief gut? Also was macht den auf der visuellen Analogskala markierten Wert aus?
- Was lief vielleicht nicht so gut? Also was macht den bis 100 % fehlenden Wert auf der visuellen Analogskala aus?

Umsetzung bezüglich Informationen und Ratschläge geben

Wie gut ist die Vermittlung des weiteren Vorgehens im Rahmen der indizierten Expositionsbehandlung gelungen? Wie gut ist die Einbindung dieser Informationen ins Gespräch gelungen?

•──•
0 %   100 %
(hat gar nicht geklappt)   (hat perfekt geklappt)

- Was macht den auf der visuellen Analogskala markierten Wert aus? Also was macht den Anteil aus, der gut gelaufen ist?
- Was macht den bis 100 % fehlenden Wert auf der visuellen Analogskala aus? Also worin bestand das Problem an den Stellen, wo es nicht gelungen ist?

Umsetzung der OARS (offene Fragen, reflektierendes Zuhören, Würdigung und Resümee)

Wie gut ist die Gesprächsführung durch die OARS (offene Fragen, reflektierendes Zuhören, Würdigung und Resümee) gelungen? In dem Fall insbesondere für den Zweck, Frau Mohr ins Gespräch einzubeziehen, Raum für ihre Bedenken zu lassen und sie nicht durch einen „Monolog" zu verlieren

•──•
0 %   100 %
(hat gar nicht geklappt)   (hat perfekt geklappt)

- Was macht den auf der visuellen Analogskala markierten Wert aus?
  Also was macht den Anteil aus, der gut gelaufen ist?
- Was macht den bis 100 % fehlenden Wert auf der visuellen Analogskala aus?
  Also worin bestand das Problem an den Stellen, wo es nicht gelungen ist?

Umsetzung des Umgangs mit „Sustain Talk" und Dissonanz

Wie gut ist der Umgang mit „Sustain Talk" und Dissonanz gelungen? Das meint in diesem Fall insbesondere den Umgang mit potenzieller Ambivalenz hinsichtlich der expositionsbasierten Behandlung

•──•
0 %   100 %
(hat gar nicht geklappt)   (hat perfekt geklappt)

- Was macht den auf der visuellen Analogskala markierten Wert aus?
  Also was macht den Anteil aus, der gut gelaufen ist?
- Was macht den bis 100 % fehlenden Wert auf der visuellen Analogskala aus?
  Also worin bestand das Problem an den Stellen, wo es nicht gelungen ist?

Umsetzung der Förderung von „Change Talk"

Wie gut ist die Förderung von „Change Talk" gelungen? „Change Talk" meint in diesem Fall die Argumente für die Expositionsbehandlung bzw. gegen ein Vermeiden der Behandlung.

•──•
0 %   100 %
(hat gar nicht geklappt)   (hat perfekt geklappt)

- Was macht den auf der visuellen Analogskala markierten Wert aus?
  Also was macht den Anteil aus, der gut gelaufen ist?
- Was macht den bis 100 % fehlenden Wert auf der visuellen Analogskala aus?
  Also worin bestand das Problem an den Stellen, wo es nicht gelungen ist?

Fazit der Übung
- Was sollte ich in der Therapeuten-Rolle so beibehalten?
- Woran sollte ich weiterarbeiten?
- Machen Sie ggf. einen weiteren Wiederholungs-Durchlauf!

5.4.3 Fallbeispiel zu frühkindlichen Regulationsstörung

Fallvignette
Der acht Monate alte Noel wurde von seiner Mutter, Frau Maja Linde (31 Jahre), in der psychotherapeutischen Praxis aufgrund von übermäßigem Schreien und Schlafproblemen vorgestellt. In den Terminen in Ihrer Praxis wirkte Noel neugierig und aktiv. Er erkundete die Umgebung interessiert und schaute Sie offen und klar an. Die Mutter berichtet, dass Noel am Tag meist ein fröhliches und zufriedenes Baby sei. Wenn er müde werde, beginne er jedoch sehr unruhig zu werden und wenn Frau Linde es nicht schaffe, ihn schnell zu beruhigen, steigere sich seine Unruhe zu langanhaltendem, unstillbarem Schreien. Noel schreie so häufig mehrere Stunden am Tag, insbesondere am Abend und in der Nacht. Die Kriterien einer exzessiven Schreistörung sind diagnostisch erfüllt. In der Nacht erwache er sehr häufig und finde nicht wieder in den Schlaf. Die Auswertung durchgeführter Schlafprotokolle zeigt, dass die Schlafphasen Noels meist nur 45 bis 90 Minuten lang sind und Noel am Tag kaum schlafe. Der Tagesablauf wirkt unregelmäßig. Die Mutter stille Noel am Tag und in der Nacht sehr häufig, da dies die wirksamste Methode sei, um Noel zu beruhigen und in den Schlaf zu begleiten. Frau Linde habe das Gefühl, in der Nacht „andauernd zu stillen" und selbst kaum zu schlafen. Eine organische Abklärung bei der Kinderärztin sei ohne Befund und auch eine Osteopathie-Behandlung habe zu keiner Verbesserung des Schreiens und Schlafens geführt.

Die Mutter sei sehr erschöpft und unter ständiger Anspannung. Sie fühle sich hilflos sowie ausgelaugt und wisse nicht, wie lange sie die kraftzehrende Begleitung Noels noch leisten könne. Gleichzeitig sei sie in großer Sorge um ihren Sohn, da sie zum einen Angst habe, das viele Weinen könne ein Trauma bei ihm hinterlassen, und sie dringend wünsche zu verstehen, was ihn belaste. Zum anderen habe sie das Gefühl, ihrer Mutterrolle nicht gerecht zu werden und Noel in seinen Bedürfnissen nur unzureichend gut zu versorgen. Frau Linde wünscht sich dringend eine Erklärung und Lösung für die schwierige Situation.

Bei der Herleitung eines Erklärungsmodells zeigte sich die Mutter zunächst interessiert und aufgeschlossen. Sie kann den Teufelskreis der gegenseitigen Negativität gut nachvollziehen und es kann ein guter Rapport hergestellt werden. Bei der Ableitung von Interventionsmöglichkeiten zeigt sich Frau Linde jedoch irritiert. Jegliche Veränderungen scheinen ihr ein Versagen der Bedürfniserfüllung ihres Sohnes zu sein und sie habe keine Idee, wie sie in der aktuellen Situation eine regelmäßige Tagesstruktur herstellen solle. Die Mutter ist sehr besorgt, die Bindung zu ihrem Sohn zu gefährden und ihn durch übermäßige Frustration weiter „zu traumatisieren".

5.4 Übungen zu „Patienteninformation und Patientenaufklärung"

Aufgabenstellung

Greifen Sie die Sorgen und Ängste der Mutter validierend auf! Stärken Sie das Vertrauen der Mutter in die – eigentlich bestehende, gute – Beziehung zu ihrem Sohn, z. B. durch das Herausarbeiten der überwiegend positiven (und – anders als durch die Mutter eingeschätzt – stabilen) Beziehungserfahrungen! Vermitteln Sie Frau Linde, warum es förderlich sein kann, etwas an der Einschlafbegleitung (also dem ständigen Stillen) zu verändern bzw. wie ein regelmäßiger Tagesablauf die Situation positiv verbessern kann! Gehen Sie dabei „geschmeidig" mit Widerstand um!

Sie beginnen das Gespräch mit den folgenden Worten, die Sie vorlesen dürfen: *„Ich kann mir gut vorstellen, dass die aktuelle Situation sehr belastend ist und ich sehe auch, dass Sie sehr aufmerksam auf die Bedürfnisse und das Wohlergehen Ihres Sohnes achten. Ich bin sicher, dies hat auch dazu beigetragen, dass sich eine so innige und sichere Bindungsbeziehung zwischen Ihnen entwickelt hat. Ich würde gerne genauer mit Ihnen auf die Bedürfnisse Ihres Kindes und Ihre Begleitungsmöglichkeiten schauen. Ist das in Ordnung für Sie?"*

Hintergrundinformationen für die Person, die Maja Linde spielt

Sie sind eine gebildete Frau (Wirtschaftswissenschaftlerin in einem großen Unternehmen, aktuell in Elternzeit) und haben einen sehr hohen Anspruch an Ihre Mutterschaft. Sie möchten alle Bedürfnisse Ihres Kindes vollumfänglich und prompt beantworten. Sie selbst haben sich in Ihrer Kindheit oft nicht gesehen gefühlt und hatten das Gefühl, funktionieren zu müssen. Von Ihren Eltern bekommen Sie heute die Rückmeldung, Ihr Kind überzubehüten. Dies verunsichert Sie zwar, aber Sie sind entschlossen, mit Ihrem Kind einen neuen Weg zu gehen. Wie der aussieht, ist Ihnen allerdings noch nicht ganz klar. Sie sind zwar ambivalent bezüglich der therapeutischen Informationen, aber auch froh und dankbar dafür, Hilfe zu bekommen. Letztlich können Sie sich schon vorstellen, etwas zu verändern, da Sie mit Ihren Kräften am Ende sind und so schließlich auch keine gute Mutter mehr abgeben.

Wohlbefinden während des Gesprächs

Wie wohl haben Sie sich jeweils in Ihren Rollen während des Gesprächs gefühlt?

•————————————————————————————•
0 %   100 %
(habe mich gar nicht wohl gefühlt)   (habe mich absolut wohl gefühlt)

- Was lief gut? Also was macht den auf der visuellen Analogskala markierten Wert aus?
- Was lief vielleicht nicht so gut? Also was macht den bis 100 % fehlenden Wert auf der visuellen Analogskala aus?

Umsetzung bezüglich Informationen und Ratschläge geben

Wie gut ist die Vermittlung von Informationens - insbesondere deren Einbindung ins Gespräch - zu förderlichen Aspekten einer Änderung der Einschlafbegleitung bzw. des regelmäßigen Tagesablaufs gelungen?

•────────────────────────────────•
0 %   100 %
(hat gar nicht geklappt)   (hat perfekt geklappt)

- Was macht den auf der visuellen Analogskala markierten Wert aus?
  Also was macht den Anteil aus, der gut gelaufen ist?
- Was macht den bis 100 % fehlenden Wert auf der visuellen Analogskala aus?
  Also worin bestand das Problem an den Stellen, wo es nicht gelungen ist?

Umsetzung der OARS (offene Fragen, reflektierendes Zuhören, Würdigung und Resümee)

Wie gut ist die Gesprächsführung durch die OARS (offene Fragen, reflektierendes Zuhören, Würdigung und Resümee) gelungen? In dem Fall geht es insbesondere darum, mit Frau Linde in den Austausch zu kommen und dabei ihren Sorgen Raum zu geben

•────────────────────────────────•
0 %   100 %
(hat gar nicht geklappt)   (hat perfekt geklappt)

- Was macht den auf der visuellen Analogskala markierten Wert aus?
  Also was macht den Anteil aus, der gut gelaufen ist?
- Was macht den bis 100 % fehlenden Wert auf der visuellen Analogskala aus?
  Also worin bestand das Problem an den Stellen, wo es nicht gelungen ist?

Umsetzung der Förderung von „Change Talk"

Wie gut ist die Förderung von „Change Talk" gelungen? „Change Talk" meint in diesem Fall die Argumente für die Einschlafbegleitung und Tagesstruktur bzw. die Argumente gegen eine Beibehaltung des Status quo. „Change Talk" meint in dem Fall auch den „Confidence Talk" hinsichtlich des Vertrauens in die positive Beziehung zum Sohn bzw. die mütterlichen Fähigkeiten.

•────────────────────────────────•
0 %   100 %
(hat gar nicht geklappt)   (hat perfekt geklappt)

- Was macht den auf der visuellen Analogskala markierten Wert aus?
  Also was macht den Anteil aus, der gut gelaufen ist?
- Was macht den bis 100 % fehlenden Wert auf der visuellen Analogskala aus?
  Also worin bestand das Problem an den Stellen, wo es nicht gelungen ist?

Fazit der Übung
- Was sollte ich in der Therapeuten-Rolle so beibehalten?
- Woran sollte ich weiterarbeiten?
- Machen Sie ggf. einen weiteren Wiederholungs-Durchlauf!

5.5 Übungen zu „Leitlinienorientierte Behandlungsempfehlungen"

„Leitlinienorientierte Behandlungsempfehlungen" (siehe auch Abschn. 2.2) meint die Informationen zu wissenschaftlich fundierten Behandlungsmöglichkeiten für ein bestimmtes Störungsbild. Dabei soll auch über den eigenen Spezialisierungsbereich hinaus informiert werden.
Inhaltliche Beispiele können dementsprechend sein:

- Informationen zur Wirksamkeit unterschiedlicher Richtlinienverfahren und Methoden.
- Informationen zum therapeutischen Vorgehen bei einer bestimmten psychischen Erkrankung (z. B. expositionsbasiertes Vorgehen bei der Posttraumatischen Belastungsstörung).
- Aufklärung über alternative Behandlungsmethoden wie z. B. eine medikamentöse Behandlung.
- Aufklärung über die Prognose der Behandlung einer bestimmten psychischen Erkrankung.
- Usw.

Auch diese Station verlangt – ähnlich wie die sich tendenziell damit überschneidende Station „Patienteninformation und Patientenaufklärung" (Abschn. 5.4) – vom Therapeuten einen verhältnismäßig hohen Redeanteil, weil es maßgeblich um die Vermittlung von Informationen geht. Deshalb ist auch hier insbesondere die MI-Kernkompetenz „Informationen und Ratschläge geben" (Abschn. 4.4.5) relevant. Allerdings macht es erneut nicht durchgängig Sinn, die Struktur „Nachfragen, Information geben, nachfragen" einzuhalten, weil das erste Nachfragen hinsichtlich der Informationspflicht des Therapeuten unpassend ist. Es bietet sich trotzdem auch hier eine Art „Vorwarnung" als Einleitung an, z. B. in Form von „Ich würde Ihnen gerne ein paar konkretere Informationen zu möglichen Behandlungsformen geben." Das zweite Nachfrage erscheint wiederum sehr sinnvoll, um den Patienten zum Nachfragen zu ermuntern und einen Dialog anzuregen. Auch hier sollte im Sinne einer Prüfungsleistung eine Handlungskompetenz demonstriert werden und keine ausschließliche Abfrage von auswendig gelernten Inhalten erfolgen. Dazu bieten sich weiterhin die OARS an. Der Umgang mit „Sustain Talk" und Dissonanz sowie die Förderung von „Change Talk" scheint erneut weniger bedeutsam. Bei Informationen, die dem Patienten z. B. Angst machen, könnte der Umgang mit „Sustain Talk" und Dissonanz hilfreich sein. Die Förderung von

„Change Talk" könnte hinsichtlich der Motivierung, sich entsprechend der Behandlungsempfehlungen für eine Linderung der Krankheitssymptome zu verhalten, zum Einsatz kommen.

> Auch wenn die Station „Leitlinienorientierte Behandlungsempfehlungen" – ähnlich wie die vorangegangene Station – einen größeren Redeanteil auf Therapeutenseite verlangt als andere Stationen, ist unbedingt zu vermeiden, in einen Monolog zu verfallen. Der Schwerpunkt sollte auch hier auf dem „Wie" der Vermittlung liegen. Das MI-Vorgehen kann erneut helfen, einen kooperativen Dialog zu gestalten.

5.5.1 Fallbeispiel eines Jugendlichen mit Cannabisgebrauch bei erhöhtem Psychose-Risiko

Fallvignette
Der 17-jährige Mike Wilhelm kommt wegen einer depressiven Verstimmung auf eigene Initiative in Ihre ambulante psychotherapeutische Behandlung. Er leide besonders unter der Trennung von seiner ersten Freundin und dem Umzug seines besten Freundes. Er fühle sich einsam, niedergeschlagen, habe Selbstwertprobleme, Schlaf- und Konzentrationsschwierigkeiten und in der Schule kaum noch Anschluss. Seitdem es ihm so schlecht gehe, leide er auch vermehrt unter Alpträumen. Er habe schon sein ganzes Leben lang sehr lebhaft sowie viel geträumt und auch als Kind in Phasen größerer Belastung (z. B. nach dem Tod der Oma, während Prüfungszeiten in der Schule) vermehrt Alpträume gehabt. Er berichtet ferner hypnagoge (Bewusstseinszustand z. B. beim Einschlafen) Halluzinationen: So sehe Mike beim Einschlafen Schatten in seinem Zimmer, die sich bewegen würden. Seitdem er sich so schlecht fühle, nehme er dies als bedrohlich wahr und halte sich zum Teil sehr lange mit Handyvideos wach. Außerhalb seiner Familie habe er hauptsächlich Kontakt zu zwei gleichaltrigen Jungen aus der Nachbarschaft. Mit ihnen treffe er sich regelmäßig zum Computerspielen oder „Abhängen". Beiläufig erwähnt er, dass diese beiden abends und am Wochenende häufiger Cannabis rauchen würden und er gelegentlich mitrauche. Aus der Familienanamnese ist bekannt, dass beide Brüder der Mutter (Mikes biologische Onkel) an Schizophrenie bzw. an einer schizoaffektiven Störung erkrankt sind. Der Opa mütterlicherseits habe sich suizidiert, als Mikes Mutter noch ein Kind gewesen war. Es sei bekannt, dass dieser sich oft merkwürdig verhalten habe. Sie kommen aufgrund der psychotischen Erkrankungen der Onkel (und möglicherweise des Opas) zu der Einschätzung, dass Mike ein erhöhtes Risiko für psychotische Erkrankungen aufweist. Sie schätzen deswegen den gelegentlichen Cannabiskonsum als riskant ein, auch vor dem Hintergrund, dass der Konsum Mikes ungünstige Interpretation der hypnagogen Halluzinationen als bedrohlich begünstigt.

5.5 Übungen zu „Leitlinienorientierte Behandlungsempfehlungen"

Aufgabenstellung

Ihr Ziel im Gespräch ist es, zunächst ein Problembewusstsein bei Mike zu wecken. Informieren Sie Mike über die Risiken seines Cannabiskonsums! Bieten Sie ihm Informationen (Psychoedukation) an, sowohl zu seinem erhöhten Psychose-Risiko als auch zu dem Einfluss, den Cannabis auf eine psychotische Entwicklung haben kann! Erfragen Sie in dem Zusammenhang sein Vorwissen, seine Sicht auf den Konsum und seine Fragen zu den möglichen Risiken! Wählen Sie für das gesamte Gespräch einen von der Gesprächsführung sensiblen Umgang mit dem Patienten, insbesondere bezüglich des geringen Problembewusstseins!

Sie beginnen das Gespräch mit den folgenden Worten, die Sie vorlesen dürfen: *„Ich finde es einen großen Vertrauensvorschuss, dass du schon zu Beginn unserer Gespräche so offen bist und mir vom Kiffen erzählt hast! Ich würde dir gerne ein paar Informationen zum Cannabiskonsum geben, die meiner Meinung nach für dich wichtig zu wissen wären. Wäre das ok für dich?"*

Hintergrundinformationen für die Person, die Mike Wilhelm spielt

Du bist ein freundlicher und etwas introvertierter Junge. Im Kontakt bist du etwas zurückhaltend und abwartend, lässt dich aber gut auf das therapeutische Angebot ein und arbeitest compliant mit. Du hast dir bisher noch nie Gedanken zum Thema Psychose gemacht, denn so eng ist der Kontakt zu deinen Onkeln nicht und deine beiden Eltern sind schließlich gesund. Der Cannabiskonsum spielt in deinem Leben keine große Rolle und die Substanzwirkung an sich ist dir auch nicht so wichtig, wohl aber der Kontakt zu den Nachbarsjungen. Du befürchtest, dort als komisch oder Spaßverderber wahrgenommen zu werden, wenn du nicht ab und zu mitrauchst. Das Risiko, selbst an einer Psychose zu erkranken, schockiert dich; du willst natürlich nicht „verrückt" werden. Andererseits schätzt du deinen Cannabiskonsum im Vergleich zu vielen deiner Altersgenossen als eher gering ein, sodass du dir auch nicht unbedingt vorstellen kannst, dass dies zu einem großen Problem wird. Insofern hältst du dich in dem Gespräch letztlich etwas ambivalent, aber einer Veränderung nicht völlig abgeneigt.

Wohlbefinden während des Gesprächs

Wie wohl haben Sie sich jeweils in Ihren Rollen während des Gesprächs gefühlt?

•──•
0 %   100 %
(habe mich gar nicht wohl gefühlt)   (habe mich absolut wohl gefühlt)

- Was lief gut? Also was macht den auf der visuellen Analogskala markierten Wert aus?
- Was lief vielleicht nicht so gut? Also was macht den bis 100 % fehlenden Wert auf der visuellen Analogskala aus?

Umsetzung bezüglich Informationen und Ratschläge geben

Wie gut ist die Vermittlung der Risiken des Cannabis-Konsums gelungen? Also insbesondere die Einbindung der Psychoedukation zu Mikes erhöhten Psychose-Risiko ins Gespräch als auch zu dem Einfluss, den Cannabis auf eine psychotische Entwicklung haben kann.

•──•
0 %   100 %
(hat gar nicht geklappt)   (hat perfekt geklappt)

- Was macht den auf der visuellen Analogskala markierten Wert aus? Also was macht den Anteil aus, der gut gelaufen ist?
- Was macht den bis 100 % fehlenden Wert auf der visuellen Analogskala aus? Also worin bestand das Problem an den Stellen, wo es nicht gelungen ist?

Umsetzung der OARS (offene Fragen, reflektierendes Zuhören, Würdigung und Resümee)

Wie gut ist die Gesprächsführung durch die OARS (offene Fragen, reflektierendes Zuhören, Würdigung und Resümee) gelungen? In dem Fall insbesondere für den Zweck, Mike ins Gespräch einzubeziehen, seine Vorerfahrungen zu explorieren und ihn nicht durch einen „Monolog" zu verlieren

•──•
0 %   100 %
(hat gar nicht geklappt)   (hat perfekt geklappt)

- Was macht den auf der visuellen Analogskala markierten Wert aus? Also was macht den Anteil aus, der gut gelaufen ist?
- Was macht den bis 100 % fehlenden Wert auf der visuellen Analogskala aus? Also worin bestand das Problem an den Stellen, wo es nicht gelungen ist?

Umsetzung des Umgangs mit „Sustain Talk" und Dissonanz

Wie gut ist der Umgang mit „Sustain Talk" und Dissonanz gelungen? Das meint in diesem Fall insbesondere den Umgang mit Reaktanz als Reaktion auf das Thema Konsumreduktion

•──•
0 %   100 %
(hat gar nicht geklappt)   (hat perfekt geklappt)

- Was macht den auf der visuellen Analogskala markierten Wert aus? Also was macht den Anteil aus, der gut gelaufen ist?
- Was macht den bis 100 % fehlenden Wert auf der visuellen Analogskala aus? Also worin bestand das Problem an den Stellen, wo es nicht gelungen ist?

5.5 Übungen zu „Leitlinienorientierte Behandlungsempfehlungen"

Umsetzung der Förderung von „Change Talk"

Wie gut ist die Förderung von „Change Talk" gelungen? „Change Talk" meint in diesem Fall die Argumente gegen das Kiffen bzw. für das Aufhören mit dem Konsum

•──•
0 %   100 %
(hat gar nicht geklappt)   (hat perfekt geklappt)

- Was macht den auf der visuellen Analogskala markierten Wert aus? Also was macht den Anteil aus, der gut gelaufen ist?
- Was macht den bis 100 % fehlenden Wert auf der visuellen Analogskala aus? Also worin bestand das Problem an den Stellen, wo es nicht gelungen ist?

Fazit der Übung
- Was sollte ich in der Therapeuten-Rolle so beibehalten?
- Woran sollte ich weiterarbeiten?
- Machen Sie ggf. einen weiteren Wiederholungs-Durchlauf!

5.5.2 Fallbeispiel zu einem Mann mit Zwangsstörungen

Fallvignette
Der 42-jährige Mitja Ludwig (von Beruf Anwalt) hat – bedingt durch seine Zwangsstörungen, die Sie beim vorangegangenen diagnostischen Interview gestellt haben – seit mehreren Jahren leichte Probleme auf der Arbeit und im Privatleben. In den vergangenen 14 Monaten hätten die Zwänge und deren Auswirkungen auf sein berufliches und privates Leben jedoch einen derartig negativen Einfluss entwickelt, dass er sich nun dazu entschlossen habe, professionellen Rat zu suchen.

Schon seit seiner Jugend fühle sich Herr Ludwig gezwungen, die Wörter von Sätzen und die Buchstaben der einzelnen enthaltenen Wörter zu zählen, um mit diesen Zahlen im Kopf zu jonglieren. Außerdem achte er seit der Jugend auf die symmetrische Anordnung von Gegenständen in seiner Umgebung, wobei eine geringe Abweichung in ihm Unbehagen auslöse. Wenn es ihm möglich sei, so würde er auch heute noch Symmetrie dieser Gegenstände hergestellt. Lange Zeit habe ihn dies kaum bis gar nicht beeinträchtigt. Noch während seines Jurastudiums hätten sich die Zwangsgedanken und -handlungen sukzessive gemehrt. Seit er vor 14 Monaten Partner in einer Anwaltskanzlei für Arbeitsrecht geworden sei, wäre dies für ihn zur Belastung geworden. Seit diesem Zeitpunkt verschlimmere sich die Störung so drastisch, dass er seiner Arbeit nur mit Mühe nachkommen könne. Besonders der Zählzwang koste ihn einen Großteil seiner Zeit im beruflichen Leben. Seinem Zwang zur Symmetrie folge – seit Partnerwerdung – ein Ordnungszwang, der ihn auf der Arbeit zwar kaum beeinflusse, jedoch im Zusammenleben mit seiner Lebensgefährtin Paula und dem gemeinsamen, fünf Jahre alten Sohn Nils für Spannungen sorge. Die am Tage nicht geschaffte Arbeit nehme er gezwungenermaßen mit nach Hause und die Unordnung im Haushalt veranlasse ihn zudem, auch hier Hand anzulegen. Familiäre Spannungen und berufliche Verpflichtungen ließen ihn bei seinem knappen Schlafkontingent zudem unruhig schlafen und er fühle sich nicht in der Lage, all seinen Verpflichtungen in vollem Maße gerecht zu werden.

Sein hoher Leidensdruck und das Anraten seiner Frau veranlasse ihn nun dazu, psychologische Hilfe in Anspruch zu nehmen.

Aufgabenstellung
Klären Sie Herrn Ludwig zu Beginn über die im diagnostischen Interview gestellte Diagnose einer Zwangsstörung (Zwangsgedanken und -handlungen, gemischt) auf! Informieren Sie ihn im weiteren Gespräch über eine leitlinienorientierte Behandlung (insbesondere expositionsbasiertes Vorgehen; Alternativen wie Medikation) für dieses Störungsbild! Lassen Sie dabei ausreichend Zeit für seine Bedenken und beziehen Sie ihn und seine Gedanken immer wieder ein! Das Gespräch soll *nicht* in einem Monolog der Leitlinien enden.

Beginnen Sie das Gespräch mit den folgenden Worten, die Sie vorlesen dürfen: *„Schön, Sie wiederzusehen, Herr Ludwig! Nach unserem letzten Termin habe ich das diagnostische Interview ausgewertet und kann Ihnen nun Rückmeldung dazu geben."*

Hintergrundinformationen für die Person, die Mitja Ludwig spielt
Sie sind ein selbstsicherer, eher direkt wirkender Mann. Da Sie seit Ihrer jüngsten Kindheit sehr viel Wert darauflegen, Ihre Aufgaben mit vollem Elan zu erfüllen, macht Ihnen Ihre berufliche Situation beträchtliche Sorgen. Ihr Vater war ebenfalls Anwalt und Ihnen immer ein erstrebenswertes Vorbild. Ihre Jugend war geprägt von einer liebevollen sowie verständnisvollen Mutter und rahren aber schönen Momenten mit Ihrem Vater. Geschwister hatten Sie zwar keine, aber das störte Sie nie. Sie konnten gut mit sich selbst auskommen. Sie pflegten schon früh Ihren Freundeskreis und auch heute sind Ihnen soziale Treffen sehr wichtig. Die immer knapper werdende Zeit macht es Ihnen allerdings schwer, sich mit Ihren Freunden zu treffen, was Sie zunehmend frustriert. Auch die fehlende Zeit für Ihren Sohn und Ihre Frau bereitet Ihnen Kummer. Sie wollen wieder Zeit für Arbeit, Familie und Freunde haben. Dies motiviert Sie, Ihren Zählzwang in den Griff zu bekommen.

Was Ihren Ordnungszwang angeht, so sehen Sie diesen als weniger problematisch an. Abgesehen von den Reibungspunkten mit Ihrer Frau und gelegentlich auch mit Ihrem Sohn haben Sie nicht das Gefühl, an dieser Stelle etwas ändern zu müssen. Zwar könnten Sie auch hier Zeit einsparen, sehen aber einen größeren Nutzen darin, sich in der Therapie auf Ihren Zählzwang zu konzentrieren.

Ihrem Arbeitsumfeld gegenüber fühlen Sie sich verpflichtet und empfinden Scham vor Ihren Kollegen, da Sie nicht mehr die Leistungen erbringen, die Sie aus Ihrer Sicht zum Partner der Kanzlei haben werden lassen. Sie verbergen das Problem vor Ihren Kollegen. Seit einigen Monaten wird es für Sie jedoch immer problematischer, Ihre fehlende Konzentration und verringerte Leistungsfähigkeit in der Kanzlei zu verbergen. Daher befürchten Sie berufliche Konsequenzen. Sie möchten der Situation wieder Herr werden.

Reflexionsfragen
Tauschen Sie sich im Anschluss an das Rollenspiel über folgende Fragen aus:

Wohlbefinden während des Gesprächs

Wie wohl haben Sie sich jeweils in Ihren Rollen während des Gesprächs gefühlt?

•————————————————————————————————————•
0 %   100 %
(habe mich gar nicht wohl gefühlt)   (habe mich absolut wohl gefühlt)

- Was lief gut? Also was macht den auf der visuellen Analogskala markierten Wert aus?
- Was lief vielleicht nicht so gut? Also was macht den bis 100 % fehlenden Wert auf der visuellen Analogskala aus?

Umsetzung bezüglich Informationen und Ratschläge geben

Wie gut ist die Vermittlung der Diagnose Zwangsstörung gelungen? Und wie gut ist die Vermittlung von Informationen (Einbindung der Informationen ins Gespräch) dazu, wie eine leitlinienorientierte Behandlung in dem Fall aussieht (z. B. expositionsbasiertes Vorgehen, alternative medikamentöse Behandlung), gelungen?

•————————————————————————————————————•
0 %   100 %
(hat gar nicht geklappt)   (hat perfekt geklappt)

- Was macht den auf der visuellen Analogskala markierten Wert aus? Also was macht den Anteil aus, der gut gelaufen ist?
- Was macht den bis 100 % fehlenden Wert auf der visuellen Analogskala aus? Also worin bestand das Problem an den Stellen, wo es nicht gelungen ist?

Umsetzung der OARS (offene Fragen, reflektierendes Zuhören, Würdigung und Resümee)

Wie gut ist die Gesprächsführung durch die OARS (offene Fragen, reflektierendes Zuhören, Würdigung und Resümee) gelungen? In dem Fall insbesondere für den Zweck, Herrn Ludwig ins Gespräch einzubeziehen und ihn nicht durch einen „Monolog" zu verlieren

•—————————————————————————————————•
0 %   100 %
(hat gar nicht geklappt)   (hat perfekt geklappt)

- Was macht den auf der visuellen Analogskala markierten Wert aus? Also was macht den Anteil aus, der gut gelaufen ist?
- Was macht den bis 100 % fehlenden Wert auf der visuellen Analogskala aus? Also worin bestand das Problem an den Stellen, wo es nicht gelungen ist?

Umsetzung des Umgangs mit „Sustain Talk" und Dissonanz

Wie gut ist der Umgang mit „Sustain Talk" und Dissonanz gelungen? Das meint in diesem Fall insbesondere den Umgang mit potenzieller Ambivalenz bzw. nicht vorhandener Problemeinsicht hinsichtlich der Behandlung, insbesondere was den Ordnungszwang angeht.

•—————————————————————————————————•
0 %   100 %
(hat gar nicht geklappt)   (hat perfekt geklappt)

- Was macht den auf der visuellen Analogskala markierten Wert aus? Also was macht den Anteil aus, der gut gelaufen ist?
- Was macht den bis 100 % fehlenden Wert auf der visuellen Analogskala aus? Also worin bestand das Problem an den Stellen, wo es nicht gelungen ist?

Umsetzung der Förderung von „Change Talk"

Wie gut ist die Förderung von „Change Talk" gelungen? „Change Talk" meint in diesem Fall die Argumente für eine Behandlung bzw. gegen die Beibehaltung der Zwänge.

•—————————————————————————————————•
0 %   100 %
(hat gar nicht geklappt)   (hat perfekt geklappt)

- Was macht den auf der visuellen Analogskala markierten Wert aus? Also was macht den Anteil aus, der gut gelaufen ist?
- Was macht den bis 100 % fehlenden Wert auf der visuellen Analogskala aus? Also worin bestand das Problem an den Stellen, wo es nicht gelungen ist?

Fazit der Übung
- Was sollte ich in der Therapeuten-Rolle so beibehalten?
- Woran sollte ich weiterarbeiten?
- Machen Sie ggf. einen weiteren Wiederholungs-Durchlauf!

5.6 Weitere Übungen zu Entscheidungsschwierigkeiten

Ein weiteres, häufiges Problem, was in allen fünf Stationen der aoPP zum Tragen kommen kann, aber keiner Station klar zugeordnet ist, ist der Umgang mit Entscheidungsproblemen des Patienten. Diese können in alle Stationen der Parcours-Prüfung als Teilaspekt einfließen. Sie ergeben sich sowohl in Therapie als auch Beratung und fordern eine besondere Zurückhaltung des Therapeuten, also eine neutrale Haltung.
Inhaltliche Beispiele können sein:

- Sollte ich mich von meinem Partner trennen?
- Möchte ich mich beruflich umorientieren?
- Ist es für mich speziell sinnvoll, einen bestimmten medizinischen Eingriff machen zu lassen?
- Wie soll ich mich hinsichtlich meiner ungewollten Schwangerschaft entscheiden?
- Usw.

Das MI eignet sich mit seiner schwerpunktmäßigen Förderung der Selbstexploration intrinsischer Motive besonders gut für solche Situationen. Deshalb sind im Folgenden noch einige Beispiel-Situationen aufgelistet, die sich auf eine Entscheidungsfindung des Patienten beziehen. In diesen Fällen gibt es keine klare „Change Talk"-Seite (siehe auch Abschn. 4.5.6).

> Das MI eignet sich gut für Gespräche mit Patienten, die Entscheidungsschwierigkeiten haben. Wenn sich keine klare „richtige" und „falsche" Seite ausfindig machen lässt, bedarf es einer neutralen Haltung des Therapeuten.

5.6.1 Fallbeispiel zum Umgang mit Wiegen bei Essstörungen

Fallvignette
Bianca Hesen, 24 Jahre alt, befindet sich bereits seit einigen Sitzungen bei Ihnen in ambulanter Psychotherapie. Es läuft gut, die Diagnose ist eine – mittlerweile teilremittierte – Anorexia nervosa. Die Gewichtsnormalisierung ist in Verbindung mit regelmäßigen Kontrollen beim Arzt gut gelungen. Und auch das exzessive Sport treiben konnte reduziert werden. Die Veränderungen ihres Körpers kann die Patientin besser als erwartet ertragen, weil gerade andere Themen Priorität haben, was ihr sehr gut tut.

Frau Hesen plant ein Auslandssemester in London während der Behandlung. Zwei Sitzungen stehen davor noch aus. Sie ist sich nun unsicher, wie sie mit dem Thema „Gewichtskontrolle im Auslandssemester" umgehen soll. Es besteht eine große Ambivalenz, weil der Anblick des ihrer Ansicht nach bereits sehr hohen Gewichts auf der Waage immer Gedanken ans Abnehmen auslöst. Gleichzeitig erschien es Ihnen und auch Frau Hesen in der Therapie immer sinnvoll, das Gewicht im Blick zu halten. Allerdings besteht schon länger kein Untergewicht mehr (u. a. deshalb *teil*remittierte Anorexie) und insofern haben Sie als Therapeutin keine gravierenden Sorgen bezüglich einer körperlichen Gefahr für die Patientin. Sie vermuten, dass keine Lösung komplett unproblematisch ist und halten es für wichtig, eine fundierte Entscheidung im Sinne der Patientin zu treffen.

Aufgabenstellung
Besprechen Sie mit Frau Hesen, welche Punkte aus der Therapie Sie im Auslandssemester aufrechterhalten möchte! Versuchen Sie bezüglich des Wiegens, die beste Lösung für die Patientin herauszuarbeiten! Da Sie keine gravierenden Sorgen bezüglich des Gewichts haben, können Sie eine neutrale Haltung bezüglich der Entscheidung „Wiegen im Ausland: Ja oder nein?" einnehmen. Schließen Sie das Gespräch im besten Fall mit der Entscheidung ab!

Bitte beginnen Sie Ihr Gespräch mit den folgenden Worten, die Sie vorlesen dürfen: *„Schön, Sie zu sehen, Frau Hesen! Und vielen Dank dafür, dass Sie wieder zuverlässig das Gewicht von Ihrem Arzt mitgebracht haben! Nun haben wir nur noch zwei Termine vor Ihrem Auslandssemester in London vor uns, für die wir uns sehen. Wenn Sie einverstanden wären, würde ich die anstehende Zeit gerne etwas mit Ihnen vorbesprechen. Sind Sie damit einverstanden?"*

Hintergrundinformationen für die Person, die Bianca Hesen spielt
Sie sind eine ehrgeizige und sympathische junge Frau. Es freut Sie sehr, dass Sie endlich soweit mit der Therapie sind, dass Ihren drei Monaten im Ausland nichts entgegensteht. Das normale und regelmäßige Essen, insbesondere mit anderen Leuten dabei, und eine Grenze beim Sporttreiben (nicht mehr als dreimal die Woche für eine Stunde) hat Ihnen dabei sehr geholfen. Auch, sich immer wieder in den Therapiesitzungen deutlich zu machen, wofür Sie das alles machen. Diese Punkte wollen Sie auf jeden Fall beibehalten und Sie fassen sie auch jetzt im Gespräch als wichtig für London zusammen. London – wie lange Sie sich schon darauf gefreut haben! Bisher kam es aber körperlich gar nicht infrage, weil es Ihnen an Kraft fehlte. Sie merken insofern, dass Sie von der Gewichtszunahme profitieren und sind der Therapeutin dankbar, dass diese jede Woche so stringent das Gewicht verfolgt hat. Möglicherweise hätten sich sonst nach und nach kleine Verschlechterung eingeschlichen, ohne dass es direkt klar gewesen wäre. Genau davor haben Sie deshalb im Ausland Angst: Was, wenn es dort einreißt und Sie wieder ins Abnehmen rutschen? Dann stünden Sie in ein paar Monaten wieder an dem Punkt,

an dem Sie in die Therapie gekommen sind. Gerade, wenn Ihnen so viel Neues bevorsteht, halten Sie dieses Risiko für nicht unwahrscheinlich. Auf der anderen Seite triggert aber auch die Zahl auf der Waage die Essstörung ungemein, insbesondere wenn die Zahl zunehmend höher geht – und das sollte sie ruhig noch ein bisschen, weiß die „gesunde Seite" in Ihnen. Wenn Sie dann keine wöchentliche Sitzung haben, um sich wieder fürs Gesundwerden zu motivieren, könnte die Zahl auf der Waage schwerer zu ertragen und Ihr Wunsch, sie zu reduzieren, größer werden. Lenken Sie das Gespräch deshalb recht schnell in die Richtung, die Sie besonders beschäftigt: Eine fundierte Entscheidung für oder gegen das Wiegen im Auslandssemester zu treffen. Wägen Sie gut ab! Sie sind wirklich hin- und hergerissen, sehen an beiden Möglichkeiten gute und schlechte Aspekte. Lassen Sie Ihre Tendenz letztlich *für* das Wiegen ausfallen: So haben Sie im Ausland bei all den Veränderungen wenigstens eine Sache, die stabil bleibt und die Sie wie zu Hause weitermachen können. Außerdem haben Sie dann durch das messbare Gewicht eine klare Orientierung für Ihren Verlauf und können ggf. intervenieren.

Reflexionsfragen
Tauschen Sie sich im Anschluss an das Rollenspiel über folgende Fragen aus:

Wohlbefinden während des Gesprächs

Wie wohl haben Sie sich jeweils in Ihren Rollen während des Gesprächs gefühlt?

•―――――――――――――――――――――――――――――――•
0 %   100 %
(habe mich gar nicht wohl gefühlt)   (habe mich absolut wohl gefühlt)

- Was lief gut? Also was macht den auf der visuellen Analogskala markierten Wert aus?
- Was lief vielleicht nicht so gut? Also was macht den bis 100 % fehlenden Wert auf der visuellen Analogskala aus?

Umsetzung der OARS (offene Fragen, reflektierendes Zuhören, Würdigung und Resümee)

Wie gut ist die Förderung der Selbstexploration von Frau Hesen durch die OARS (offene Fragen, reflektierendes Zuhören, Würdigung und Resümee) gelungen?

•―――――――――――――――――――――――――――――――•
0 %   100 %
(hat gar nicht geklappt)   (hat perfekt geklappt)

- Was macht den auf der visuellen Analogskala markierten Wert aus? Also was macht den Anteil aus, der gut gelaufen ist?
- Was macht den bis 100 % fehlenden Wert auf der visuellen Analogskala aus? Also worin bestand das Problem an den Stellen, wo es nicht gelungen ist?

Umsetzung der Förderung von „Change Talk"

Wie gut ist die Förderung von „Change Talk" gelungen? „Change Talk" meint in diesem Fall die Klärung der Frage, wie Frau Hesen mit dem Wiegen umgehen möchte (Möchte sie sich im Ausland wiegen oder nicht?). Eigentlich gibt es keine klare „Change Talk"-Seite und es deshalb ist eine neutrale Haltung des Therapeuten gefragt. Offene bzw. evokative Fragen können deshalb sowohl Argumente für als auch gegen das Wiegen im Ausland sein

•───•
0 %   100 %
(hat gar nicht geklappt)   (hat perfekt geklappt)

- Was macht den auf der visuellen Analogskala markierten Wert aus?
  Also was macht den Anteil aus, der gut gelaufen ist?
- Was macht den bis 100 % fehlenden Wert auf der visuellen Analogskala aus?
  Also worin bestand das Problem an den Stellen, wo es nicht gelungen ist?

Umsetzung eines Abschluss-Resümees hinsichtlich der Bilanzierung

Wie gut ist ein abschließendes Resümee hinsichtlich der Bilanz, die zum Ende gezogen wird, gelungen?

•───•
0 %   100 %
(hat gar nicht geklappt)   (hat perfekt geklappt)

- Was macht den auf der visuellen Analogskala markierten Wert aus?
  Also was macht den Anteil aus, der gut gelaufen ist?
- Was macht den bis 100 % fehlenden Wert auf der visuellen Analogskala aus?
  Also worin bestand das Problem an den Stellen, wo es nicht gelungen ist?

Fazit der Übung
- Was sollte ich in der Therapeuten-Rolle so beibehalten?
- Woran sollte ich weiterarbeiten?
- Machen Sie ggf. einen weiteren Wiederholungs-Durchlauf!

5.6.2 Fallbeispiel eines Schülers mit Geschlechtsdysphorie

Fallvignette
Der 15-jährige Schüler Sascha Neumann wird von seinen Eltern zu einem Beratungsgespräch in die Beratungsstelle für Jugendliche und junge Erwachsene begleitet. Im Gespräch unter vier Augen berichtet Sascha Ihnen, dass seine Eltern sich Sorgen machen

würden, da er seit einigen Monaten zunehmend unzufrieden und unglücklich wirke. Er ziehe sich laut Meinung der Eltern immer mehr vor ihnen und seinen Freunden zurück und sei häufiger alleine in seinem Zimmer. Sascha berichtet im Gespräch etwas beschämt, dass er in den letzten Wochen damit begonnen habe, sich anders zu kleiden und zu schminken, was seine Eltern sehr irritiert habe. Er habe außerdem Gedanken und Gefühle, die er nicht verstehe. Er habe bei seinen Eltern den Wunsch geäußert, sich von einem Experten beraten zu lassen, da er mit ihnen nicht gut sprechen könne und regelmäßig „an die Decke" gehe, weil seine Eltern alles für „eine Phase" halten würden. Er vermute, dass er transgeschlechtlich sei und habe sich bereits über das Thema im Internet informiert. Er sei der Ansicht, dass er im falschen Körper geboren wurde. Manchmal zweifele er aber auch daran, dass diese Gedanken wirklich der Kern seines Problems sind.

Aufgabenstellung
Führen Sie ein ausgangsoffenes Gespräch mit Sascha (ohne seine Eltern), bei dem Sie die Pros und Cons einer Behandlung der Geschlechtsdysphorie abwägen. Letztlich soll eine partizipative Entscheidungsfindung angestrebt werden, welche aber *nicht* das schlussendliche Ziel dieses Gesprächs sein soll / muss. Geben Sie Sascha Zeit, um seine Gedanken und Gefühle auszudrücken! Versuchen Sie zum Ende des Gesprächs, eine Zwischenbilanz zu ziehen!

Starten Sie das Gespräch mit den folgenden Worten, die Sie vorlesen können: *„Deine aktuelle Situation klingt sehr vielschichtig und ich möchte sie gerne möglichst gut verstehen."*

Hintergrundinformationen für die Person, die Sascha Neumann spielt
Sie wurden als Junge geboren und fühlen sich seit einiger Zeit unwohl in Ihrem Körper. Sie haben das Gefühl, dass Sie eigentlich eine Frau sind, aber Sie sind sich nicht völlig sicher, ob sie wirklich transgender sind oder ob es sich nur um eine Phase handelt. Vielleicht ist der Kern des Problems auch einfach doch ein anderer? Wenn Ihre Eltern mit der Aussage „Vielleicht ist es nur eine Phase" kommen, reagieren Sie allerdings mittlerweile äußerst aggressiv, weil Sie sich dann völlig missverstanden und nicht ernstgenommen fühlen. Dann argumentieren Sie zumeist stark dafür, eine Geschlechtsumwandlung anzustreben. Eigentlich sind Sie sich aber doch nicht so sicher. Über ein Leben als Frau haben Sie nämlich zwar bereits nachgedacht, aber es besteht auch eine große Angst vor den irreversiblen Konsequenzen, die dies für Ihr Leben haben würde. Irgendwie können Sie Ihre Eltern auch verstehen, da diese sich einfach große Sorgen machen würden, wie es mit Ihnen weitergehen solle. Sie würden sich z. B. viele Gedanken darum machen, wie Ihr soziales Umfeld reagieren mag (z. B. mit Mobbing). Eine offene Exploration mit einer Person, die eine neutrale Haltung hat, tut Ihnen gut als Klärungshilfe.

Reflexionsfragen
Tauschen Sie sich im Anschluss an das Rollenspiel über folgende Fragen aus:

Wohlbefinden während des Gesprächs

Wie wohl haben Sie sich jeweils in Ihren Rollen während des Gesprächs gefühlt?

•————————————————————————————————————•
0 %   100 %
(habe mich gar nicht wohl gefühlt)   (habe mich absolut wohl gefühlt)

- Was lief gut? Also was macht den auf der visuellen Analogskala markierten Wert aus?
- Was lief vielleicht nicht so gut? Also was macht den bis 100 % fehlenden Wert auf der visuellen Analogskala aus?

Umsetzung der OARS (offene Fragen, reflektierendes Zuhören, Würdigung und Resümee)

Wie gut ist die Förderung der Selbstexploration von Sascha durch die OARS (offene Fragen, reflektierendes Zuhören, Würdigung und Resümee) gelungen?

•————————————————————————————————————•
0 %   100 %
(hat gar nicht geklappt)   (hat perfekt geklappt)

- Was macht den auf der visuellen Analogskala markierten Wert aus? Also was macht den Anteil aus, der gut gelaufen ist?
- Was macht den bis 100 % fehlenden Wert auf der visuellen Analogskala aus? Also worin bestand das Problem an den Stellen, wo es nicht gelungen ist?

Umsetzung der Förderung von „Change Talk"

Wie gut ist die Förderung von „Change Talk" gelungen? „Change Talk" meint in diesem Fall die Klärung der Frage, was Sascha möchte (Möchte er die Geschlechtsdysphorie behandeln oder nicht?). Eigentlich gibt es keine klare „Change Talk"-Seite und deshalb ist eine neutrale Haltung des Therapeuten gefragt. Offene bzw. evokative Fragen können deshalb sowohl Argumente für als auch gegen die Behandlung der Geschlechtsdysphorie sein

•————————————————————————————————————•
0 %   100 %
(hat gar nicht geklappt)   (hat perfekt geklappt)

- Was macht den auf der visuellen Analogskala markierten Wert aus? Also was macht den Anteil aus, der gut gelaufen ist?
- Was macht den bis 100 % fehlenden Wert auf der visuellen Analogskala aus? Also worin bestand das Problem an den Stellen, wo es nicht gelungen ist?

5.6 Weitere Übungen zu Entscheidungsschwierigkeiten

Umsetzung eines Abschluss-Resümees hinsichtlich der Bilanzierung

Wie gut ist ein abschließendes Resümee gelungen, insbesondere hinsichtlich der Zwischenbilanz, die zum Ende des derzeitigen Standpunkts gezogen wird?

•───•
0 %   100 %
(hat gar nicht geklappt)   (hat perfekt geklappt)

- Was macht den auf der visuellen Analogskala markierten Wert aus?
  Also was macht den Anteil aus, der gut gelaufen ist?
- Was macht den bis 100 % fehlenden Wert auf der visuellen Analogskala aus?
  Also worin bestand das Problem an den Stellen, wo es nicht gelungen ist?

Fazit der Übung
- Was sollte ich in der Therapeuten-Rolle so beibehalten?
- Woran sollte ich weiterarbeiten?
- Machen Sie ggf. einen weiteren Wiederholungs-Durchlauf!

Fallbeispiele 6

6.1 Fallbeispiel zu „Patientensicherheit"

6.1.1 Möglicher Verlauf des Fallbeispiels zu Suizidalität bei einem älteren Mann nach dem Tod der Ehefrau

Therapeut: *„Der Tod Ihrer Frau tut mir sehr leid! Es klingt wirklich nach einem ziemlichen Schock und einer großen Veränderung, die sich kürzlich für Sie ergeben hat! Ich würde Ihre aktuelle Situation gerne noch etwas besser verstehen."* (Opener)

Patient: *„Ja, das ist ok für mich. (nickt zustimmend mit gesenktem Blick)"*

Therapeut: *„Es ist bestimmt nicht leicht für Sie, jetzt darüber zu reden."* (reflektierendes Zuhören)

Patient: *„(Leise:) Das stimmt, es fällt mir wirklich sehr schwer."*

Therapeut: *„Es ist sicherlich sehr anstrengend, was Sie gerade durchmachen."* (Würdigung).

Patient: *„Ja, meine Frau war halt immer an meiner Seite. Seitdem ich 23 Jahre alt war. Das sind beinahe 60 Jahre! Können Sie sich das vorstellen, so eine lange Zeit? Sie sind ja noch sehr jung… Vielleicht zu jung um das zu verstehen. Ich kenne eigentlich gar kein Leben ohne sie."*

Therapeut: *„Den größten Teil Ihrer Lebenszeit haben Sie gemeinsam verbracht – und das war eine sehr lange Zeit.* (reflektierendes Zuhören) *Insofern haben Sie recht: Eine solche Lebenserfahrung konnte ich in meinem Alter bisher nicht machen, weil ich noch deutlich jünger bin als Sie."* (Umgang mit „Sustain Talk" und Dissonanz: Zustimmen mit einer Wendung)

Patient: *„Ja, ich kann jedem Menschen nur wünschen, auch so eine Erfahrung zu machen. Meine Frau und ich hatten uns wirklich gesucht und gefunden."*

Therapeut: *„Die Beziehung war also eine wahre Erfüllung für Sie, genau wie Sie sich so etwas früher vorgestellt haben."* (reflektierendes Zuhören)

Patient: *„Naja, es ist ja nicht so, dass wir uns nicht auch mal gestritten hätten. Aber das Positive hat einfach überwogen. Und jetzt ist dieser Teil einfach weggebrochen..."*

Therapeut: *„Ein wichtiger Teil von Ihnen ist plötzlich einfach nicht mehr da.* (reflektierendes Zuhören) *Was sind die Dinge, die Ihnen ‚weggebrochen' sind?"* (offene Frage)

Patient: *„Die Möglichkeit zum ständigen Austauschen, jemand, der den Tag mit plant und verbringt. Ein Partner halt, der einen durchs Leben begleitet."*

Therapeut: *„Ihre Frau war also Ihre wichtigste Bezugsperson und es klingt so, als ob Sie einen großen Teil der Tagesstruktur ausgemacht hat."* (reflektierendes Zuhören)

Patient: *„Naja, sie hat die Tagesssruktur nicht immer selber bedingt. Aber sie hat zum Beispiel viele Aktivitäten organisiert. Dazu kann ich mich jetzt alleine gar nicht mehr aufraffen."*

Therapeut: *„Mit Ihrer Frau waren Sie aktiv. Jetzt, ohne Ihre Frau, ergreifen Sie nicht selber die Initative.* (reflektierendes Zuhören) *Wie kann man sich einen Tag bei Ihnen im Augenblick vorstellen?"* (offene Frage)

Patient: *„Eigentlich versauere ich in meiner Wohnung. Ich sitze nur herum. Nichts macht mir Spaß. Zum Glück habe ich meine Freunde, die sich um mich sorgen und an meiner Stelle die Initiative ergreifen. Die rufen mal an, kommen mal rum oder so. Sonst wüsste ich auch nicht..."*

Therapeut: *„Ihre Freunde empfinden Sie also als große Stütze in dieser schwierigen Zeit.* (reflektierendes Zuhören) *Wie meinen Sie die Aussage ‚Sonst wüsste ich auch nicht...'?"* (offene Frage)

Patient: *„(Schweigt erst:) Naja, sonst gäbe es immernoch Plan B, den meine Frau aber sicher nicht gut gefunden hätte..."*

Therapeut: *„Was ist das für ein ‚Plan B?'"* (offene Frage)

Patient: *„Naja, dass ich meiner Frau schnell hinterher komme halt. Aber wie gesagt, meine Frau fänd das nicht toll..."*

Therapeut: *„Sie meinen also, dass es eine Notlösung für Sie wäre, sich umzubringen, wenn ich Sie richtig verstehe."* (reflektierendes Zuhören)

Patient: *„Klingt jetzt etwas drastisch, wie Sie das sagen. Aber ja..."*

Therapeut: *„Zu dem Punkt müsste ich aus meiner therapeutischen Rolle etwas sagen und ich hoffe sehr, das ist ok für Sie."* (1. Nachfragen vor dem Informationen und Ratschläge geben)

Patient: *„Was denn?"*

Therapeut: *„Wenn ich mir große Sorgen um Sie in der Hinsicht mache, dass Sie sich etwas antun könnten, bin ich rechtlich dazu verpflichtet, Sie zu schützen. Es kann dann zum Beispiel sogar notwendig sein, dass ich die Schweigepflicht brechen muss, um Ihre Sicherheit herzustellen. Manchmal ist in solchen Fällen ein Klinikaufenthalt notwendig.* (Informationen und Ratschläge geben) *Wie klingt das erstmal für Sie, was geht Ihnen dazu durch den Kopf?"* (2. Nachfragen nach dem Informationen und Ratschläge geben)

6.1 Fallbeispiel zu „Patientensicherheit"

Patient: *„(Verärgert:) Ich finde ehrlich gesagt, dass sich da niemand einmischen sollte. Das ist meine Sache!"*

Therapeut: *„Sie wollen nicht, dass jemand für Sie entscheidet, dass Sie weiterleben müssen, wenn Sie selbst zu dem Entschluss kommen, dass Sie das nicht mehr wollen.* (reflektierendes Zuhören) *Ich kann gut verstehen, dass es sich nicht gut anfühlt, wenn andere Leute Entscheidungen für Sie fällen und Ihnen die Autonomie nehmen."* (Umgang mit „Sustain Talk" und Dissonanz: Zustimmen mit einer Wendung)

Patient: *„(Etwas weniger verärgert und etwas mehr ambivalent:) Naja, meine Frau fänd es sicherlich auch nicht toll., das weiß ich. Aber sie sitzt jetzt hier schließlich auch nicht alleingelassen. Vielleicht würde sie dann anders denken. Ich weiß halt nicht, wie lange ich das noch aushalte…"*

Therapeut: *„Der Zurückgelassene von Ihnen beiden zu sein, schmerzt Sie sehr. Gleichzeitig denken Sie, dass Ihre Frau sich etwas anderes für Sie gewünscht hätte als sich in der Situation das Leben zu nehmen.* (zweiseitige Reflexion) *Was hätte sich Ihre Frau denn wohl stattdessen für Sie gewünscht? Warum fänd sie es nicht toll, wenn Sie sich umbringen würden?"* (Förderung von „Change Talk")

Patient: *„Wissen Sie, wir sind eigentlich beide immer sehr gläubig gewesen. Da passt das nicht zu, sich das Leben zu nehmen. Stattdessen sollte man das Beste aus seinem Leben machen. Ich glaube, dass sie stolz auf mich wäre, wenn ich das schaffen würde."*

Therapeut: *„Am Leben zu bleiben wäre das, was zu Ihrem Glauben passen würde. Und es wäre ein Beweis von Stärke, der Ihrer Frau imponieren würde.* (reflektierendes Zuhören) *Was daran genau würde Ihrer Frau imponieren?"* (Förderung von „Change Talk")

Patient: *„Dass ich mich weiterentwickele, obwohl ich jetzt schon so alt bin, und über mich hinauswachsen kann. Das hat Sie immer an mir gemocht, wenn ich Krisen überwunden habe."*

Therapeut: *„Wie haben Sie es denn bisher immer geschafft, Krisen zu überstehen?"* (Förderung von „Change Talk", hier „Confidence Talk")

Patient: *„Ehrlich gesagt viel mit der Hilfe meiner Frau! Aber das war nicht der Teil, auf den sie stolz war. Sie liebte meine Kontinuität, dass ich einfach weitergemacht habe. Und dann war es auf einmal wieder besser. Ich habe mich nicht hängen lassen und in Krisen immer eine gewisse Routine beibehalten."*

Therapeut: *„Sie haben in anstrengenden Zeiten durchgehalten und bestimmte Sachen beibehalten, obwohl Ihnen nicht danach war.* (reflektierendes Zuhören / Würdigung) *Wie würde ‚Durchhalten' oder ‚Kontinuität' denn wohl jetzt für diese Krise aussehen?"* (Förderung von „Change Talk")

Patient: *„Ja… Ich dürfte nicht auf der Couch versacken. Ich müsste die Angebote meiner Freunde nutzen. Ich müsste meinen ‚Plan B' verwerfen…"*

Therapeut: *„Aktiv werden wäre also zum Einen wichtig.* (reflektierendes Zuhören) *Und zum Anderen geht es um Ihren ‚Plan B': Wie sähe es denn aus, wenn Sie Ihren Plan B verwerfen würden?"* (Förderung von „Change Talk")

Patient: *„Ich müsste die Medikamente, die ich dafür habe, wegpacken…"*

Therapeut: *„Ihre Überlegung ist es, sich mit Tabletten umzubringen.* (reflektierendes Zuhören) *Können Sie das genauer erklären?"* (offene Frage)

Patient: *„Die Tabletten sind von meiner Frau. Ich weiß nicht, was das genau ist. Aber der Arzt sagte mal, man müsse damit aufpassen. Eine Überdosierung könnte tödlich enden."*

Therapeut: *„Sie wissen also vom Fachmann, dass diese Tabletten funktionieren würden.* (reflektierendes Zuhören) *Gibt es noch andere Dinge in der Art, die ich wissen sollte?"* (offene Frage)

Patient: *„Wie meinen Sie das?"*

Therapeut: *„Ob Sie schon andere Ideen hatten, wie Sie sich das Leben nehmen könnten? Und ob es vielleicht sogar schon Pläne dazu gibt?"*

Patient: *„Hmm… Naja, ich denke, ohne Alkohol käme es zu nichts dergleichen. Ich hätte nicht den Mut."*

Therapeut: *„Es klingt so, als ob Ihre Idee so aussieht, dass Sie sich erst Mut antrinken würden, bevor Sie letztlich handeln würden."* (reflektierendes Zuhören)

Patient: *„(Etwas beschämt:) Ja, so ist es. Wenn meine Frau das wüsste…"*

Therapeut: *„Das wäre Ihnen peinlich vor Ihrer Frau.* (reflektierendes Zuhören) *Warum wäre es Ihnen peinlich?"* (Förderung von „Change Talk")

Patient: *„Weil es ja gar nicht zu dem passt, was sie eigentlich an mir mochte und was ich ja auch in mir habe… Die Stärke, so etwas durchzuziehen und damit eine Krise zu überwinden."*

Therapeut: *„Das heißt, Sie könnten diese Krise überwinden, wenn Sie wollten.* (reflektierendes Zuhören) *Wie konkret könnten Sie es schaffen?"* (Förderung von „Change Talk", hier „Confidence Talk")

Patient: *„Wenn ich es mit Ihnen vereinbare, wäre es verbindlicher. Und wenn ich dann an meine Frau denke und ihr sozusagen ein Versprechen gebe."*

Therapeut: *„Die Vereinbarung mit einer anderen Person hilft Ihnen also. Was müssten Sie mit mir vereinbaren und wie könnte ein solches Versprechen Ihrer Frau gegenüber konkret aussehen?"* (Förderung von „Change Talk")

Patient: *„Dass ich zumindest eine Zeit keinen Alkohol mehr trinke und die Tabletten wegwerfe. Und meiner Frau genau dies verspreche."*

Therapeut: *„Wie denken Sie darüber, sich auf Maßnahmen einzulassen, damit es weder zum Alkohol trinken noch zum Tabletten nehmen kommt?"* (offene Frage)

Patient: *„(Überlegt:) Ich glaube, ich finde es gut."*

Therapeut: *„Das heißt, nach allem, was wir bisher besprochen haben, ist die Situation sehr schwer und deshalb haben Sie einen ‚Plan B'. Diesen würden Sie aber nach unserem bisherigen Gespräch zumindest vorerst verwerfen, weil Sie Ihrer Frau beweisen möchten, dass Sie diese Belastungsprobe überstehen können und weil es auch nicht zu Ihrem Glauben passt, sich umzubringen. Um den ‚Plan A', am Leben zu bleiben, umzusetzen, würde es Ihnen helfen, mit mir zu vereinbaren, dass Sie erstmal keinen Alkohol mehr trinken und die Tabletten entfernen. Sie könnten sie mir z. B. zum nächsten Termin mitbringen. Genau dies alles müssten Sie auch Ihrer Frau versprechen."* (Resümee)

Patient: *„Ja, das klingt für mich stimmig. So will ich es machen."*

Therapeut: *„Bitte fassen Sie für mich nochmal zusammen, warum das für Sie stimmig klingt!"* (Förderung von „Change Talk")

Patient: *„Ich glaube, das Wichtigste für mich ist, dass ich mich nicht einfach so aufgeben will, auch für meine Frau nicht. Ich kann das überstehen, auch wenn es mir nie egal werden wird, dass meine Frau nicht mehr da ist. Sie wäre stolz auf mich, wenn ich das Beste aus der Situation mache. Und dafür will ich mich gerne auf die Vereinbarung mit Ihnen einlassen."*

Therapeut: *„Ihre Frau ist Ihnen scheinbar die Anstrengung wert.* (Würdigung) *Dann lassen Sie uns die wichtigsten Punkte davon doch noch schriftlich festhalten und einen neuen Termin ausmachen."*

6.2 Fallbeispiel zu „Therapeutische Beziehungsgestaltung"

6.2.1 Möglicher Verlauf des Fallbeispiels zum Ärger über das Ausfallhonorar

Therapeutin: *„Schön, dass Sie heute wieder da sind, Herr Sträter! Ich müsste zu Beginn mit Ihnen über das Ausfallhonorar für die Sitzung in der letzten Woche sprechen."* (Opener)

Patient: *„(Verärgert:) Vielleicht möchten Sie ja erstmal wissen, was überhaupt passiert ist! Ich bin ja schließlich nicht ohne Grund nicht gekommen!"*

Therapeutin: *„Bitte entschuldigen Sie! Es war nicht meine Absicht, Sie so zu überrumpeln. Das tut mir leid!"* (Umgang mit „Sustain Talk" und Dissonanz: sich entschuldigen).

Patient: *„Ja, ja. Schon gut, schon gut..."*

Therapeutin: *„Das heißt, Sie haben gute Gründe dafür, dass das letzte Woche so gelaufen ist.* (reflektierendes Zuhören) *Was ist denn passiert?"* (offene Frage)

Patient: *„Es war so, dass mein Auto nicht angesprungen ist. Sie können sich gar nicht vorstellen, was ich für einen Stress hatte, um von A nach B zu kommen! Das zog sich dann auch noch über die ganze Arbeitswoche. Mit der Werkstatt gab es nur Ärger. Auf der Arbeit dann auch. Und dann hat das alles auch noch einen ganzen Batzen gekostet."*

Therapeutin: *„Sie haben sich also sowohl von der Werkstatt als auch von Ihrer Arbeit nicht gut behandelt gefühlt. Für Ihre mit der Panne verbundenen Schwierigkeiten hat sich keiner interessiert."* (reflektierendes Zuhören)

Patient: *„Genau so war's. Stattdessen durfte ich dann noch das Portemonnaie zücken."*

Therapeutin: *„Das hat Sie noch mehr frustriert."* (reflektierendes Zuhören)

Patient: *„So ist es. Aber Sie wollen jetzt ja auch, dass ich das Portemonnaie zücke!"*

Therapeutin: *„Sie sind sauer, dass ich jetzt so ähnlich reagiere wie die Leute in der Autowerkstatt und auf der Arbeit.* (reflektierendes Zuhören) *Es tut mir leid, wenn ich Sie mit dieser Ausfallhonorar-Regelung verärgere.* (Umgang mit „Sustain Talk" und

Dissonanz: sich entschuldigen) *Darf ich Ihnen die Situation kurz erläutern? Das wäre mir wirklich ein Anliegen."* (1. Nachfragen vor dem Informationen und Ratschläge geben)

Patient: „Hmmm... *(etwas freundlicher:)* Na schießen Sie schon los! Ich komme ja wohl doch nicht drumherum."

Therapeutin: „Ok. *Also die Sache mit dem Ausfallhonorar war eine der Regelungen, die wir ganz zu Beginn besprochen hatten. Sie haben mir das hier (blättert in der Akte) unterschrieben und hatten auch eine Kopie mitbekommen. Das Ausfallhonorar greift genau in solchen Fällen wie diesem und ist dafür da, mir eine gewisse finanzielle Sicherheit zu verschaffen. Denn anders als ein Arzt besetze ich den 50-minütigen Termin nicht so kurzfristig nach und hätte sonst einen kompletten Ausfall. Denn die Krankenkasse zahlt nur stattgefundene Sitzungen.* (Informationen und Ratschläge geben) *(hält kurz inne) Was geht Ihnen gerade dazu durch den Kopf?"* (2. Nachfragen nach dem Informationen und Ratschläge geben)

Patient: „Ja... *(etwas beschämt:)* Ja, doch. Ich erinnere mich an das Formular. *(Wieder verärgert:)* Aber ich hatte ja auch keine Wahl! Ich musste das ja unterschreiben, um die Therapie hier überhaupt starten zu können!"

Therapeutin: *„Sie meinen, dass Sie die Regelung von Anfang an nicht ganz fair fanden."* (reflektierendes Zuhören)

Patient: „Irgendwie schon. Machen das eigentlich nur Sie so oder machen das alle so? Also diese Regelung, dass man dann was bezahlen muss."

Therapeutin: *„Das ist eine Regelung, die Sie meines Wissens nach in allen Psychotherapie-Praxen finden.* (Informationen und Ratschläge geben) *Macht das einen Unterschied für Sie?* (2. Nachfragen nach dem Informationen und Ratschläge geben)

Patient: „Lässt es mich zumindest besser einordnen. Ich habe mich da irgendwie am Anfang, als wir mit den Sitzungen begonnen haben, gar nicht richtig mit beschäftigt."

Therapeutin: *„Sie haben das beim Unterscheiben nicht weiter hinterfragt und Ihnen war nicht klar, was das bedeutet."* (reflektierendes Zuhören)

Patient: „Ja, schon. Aber was ich da mit meiner Unterschrift zugesagt habe, halte ich natürlich auch ein."

Therapeutin: *„Sie haben also trotz des nachvollziehbaren Ärgers Verständnis dafür, dass ich das Ausfallhonorar berechne."* (reflektierendes Zuhören)

Patient: „Doch, habe ich. Es ist ja auch nicht so, als ob es mich in den absoluten finanziellen Ruin stürzen würde, obwohl ich jetzt die Reparatur bezahlt habe."

Therapeutin: *„Es ist sozusagen ärgerlich, aber zu verschmerzen."* (reflektierendes Zuhören)

Patient: „Schon."

Therapeutin: *„Auch, wenn Sie es ärgerlich finden, halten Sie sich also an Ihre Grundsätze."* (Würdigung)

Patient: *„(Grinst:) Ein Mann, ein Wort!"*

Therapeutin: *„Ich danke Ihnen für Ihr Verständnis!"*

6.3 Fallbeispiel zu „Diagnostik"

6.3.1 Möglicher Verlauf des Fallbeispiels eines Opfers von rechtsextremer Gewalt

Therapeut: *„Was Ihnen passiert ist, tut mir sehr leid, Herr Yildiz! Ich würde gerne etwas genauer verstehen, was für Sie momentan besonders belastend und beeinträchtigend ist."* (Opener)

Patient: *„Das ist nett, dass Sie sagen, dass es Ihnen leidtut. Ich mache mir ehrlich gesagt auch Vorwürfe…"*

Therapeut: *„Hm… Wie meinen Sie das, dass Sie sich Vorwürfe machen?"* (offene Frage)

Patient: *„Wissen Sie, eigentlich weiß jeder, dass man als Ausländer oder zumindest ausländisch aussehende Person da nicht langgehen sollte…"*

Therapeut: *„Sie meinen also, es wäre Ihre eigene Schuld gewesen, dass Sie angegriffen wurden."* (reflektierendes Zuhören)

Patient: *„Es war halt einfach total dumm von mir. Ich hätte verhindern können, dass das passiert. Und jetzt habe ich halt den Salat."*

Therapeut: *„Sie finden es naiv von Ihnen selber, dass Sie dort entlanggelaufen sind.* (reflektierendes Zuhören) *Wenn es für Sie ok ist, würde ich gerne etwas zu Ihrer Einschätzung sagen."* (1. Nachfragen vor dem Informationen und Ratschläge geben).

Patient: *„Was meinen Sie?"*

Therapeut: *„Ich würde einfach nur gerne anmerken, dass es nicht erlaubt und nicht ok ist, Sie so zu behandeln, egal in welcher Straße.* (Informationen und Ratschläge geben) *Wie sehen Sie das?"* (2. Nachfragen nach dem Informationen und Ratschläge geben)

Patient: (Leise:) *„Da haben Sie Recht, das war nicht ok. Das weiß ich eigentlich. Das sagen mir auch alle meine Leute um mich herum. Zum Glück habe ich die und die waschen mir da auch den Kopf. Aber Sie verstehen sicher, wie ich das meine. Ich hätte mir einfach viel Unglück sparen können. Unglück ist ja noch untertrieben: Beinahe hätte es mich mein Leben gekostet."*

Therapeut: *„Sie müssen jetzt mit den Konsequenzen, den der Angriff für Sie hat, leben und sind belastet, obwohl es gar nicht Ihre Schuld war. Sie mussten eine schreckliche Situation durchstehen, in der Sie ums Überleben gekämpft haben.* (Würdigung) *Es tut mir sehr leid, dass Sie das erfahren haben. Was sind denn die Konsequenzen von dem Angriff, die Sie momentan besonders belasten und beeinträchtigen?"* (offene Frage)

Patient: *„Ich bin halt ein Wrack, sehen Sie mich an! Ich habe seit Wochen nicht mehr richtig geschlafen. Das Ereignis verfolgt mich in meinen Träumen. Ich versuche im Traum zu flüchten, aber es geht nicht. Da sind die vier Typen wieder da. Zum Glück schrecke ich dann immer wieder auf und der Alptraum ist aus. Aber so kommt man ja nicht zum Schlafen. Ich konnte sonst immer gut schlafen…"*

Therapeut: *„Der Schlafmangel belastet Sie also besonders, weil Ihnen das Schlafengehen mittlerweile Angst macht. Und wenn Sie dann mal eingeschlafen sind, haben Sie Alpträume, aus denen Sie lieber erwachen möchten.* (reflektierendes Zuhören) *Das klingt sehr anstrengend, was Sie da bezüglich der Nächte durchmachen."* (Würdigung / Resümee) *Und wie sieht es am Tag aus?"* (offene Frage).

Patient: *„Da ist es halt auch nicht besser. Ich bin den ganzen Tag in ‚Hab-Acht-Stellung'. Und das ist total anstrengend. Wo auch immer ich langgehe, ich schaue mich um, ob mich vielleicht jemand verfolgt. Dann laufe ich wie ein Nervenbündel herum und schrecke bei allem auf."*

Therapeut: *„Sie haben überall Angst, dass Ihnen so etwas wieder passieren könnte.* (reflektierendes Zuhören) *Was lässt Sie den beispielsweise aufschrecken, können Sie mir dafür ein Beispiel nennen?"* (offene Frage)

Patient: *„Ja, gerade eben, als ich hier ins Gebäude gegangen bin. Obwohl mich meine Freundin begleitet hat, ist es mir wieder so gegangen: Erst war es im Flur recht leise. Und auf einmal habe ich schnelle Schritte hinter mir gehört. Da hat sich eigentlich nur ein Mann beeilt. Aber ich war kurz wie versteinert und habe mich wieder gefühlt wie in der dunklen Gasse... Das ist so verrückt, was dann mit mir passiert. Das macht mir Angst! Es ist unkontrollierbar und kann mich überall überkommen! Ich kenne das gar nicht. Ist Ihnen so etwas bekannt? So ähnlich ist es übrigens, wenn ich Jugendliche auf der Straße sehe oder wenn ich Zigarettenrauch rieche. Weil die Typen geraucht haben, erinnert es mich auch an sie..."*

Therapeut: *„Dann fühlen Sie sich also wie in die Situation zurückversetzt. Und Sie können sich das gar nicht erklären, das ist unheimlich für Sie und schwierig einzuschätzen.* (reflektierendes Zuhören). *Ja, wenn Sie möchten, kann ich dazu kurz etwas aus psychologischer Sicht sagen."* (1. Nachfragen vor dem Informationen und Ratschläge geben bzw. die Ankündigung, denn es wurde ja danach gefragt)

Patient: *„Ja, bitte! Das fänd ich sehr hilfreich!"*

Therapeut: *„Wir nennen das, was Sie da erleben, ‚Flashbacks'. Betroffene von derartigen traumatischen Ereignissen wie dem, was Sie erlebt haben, berichten so etwas ganz häufig: Wenn bestimmte Rahmenbedingungen an das schlimme Ereignis erinnern, kann es passieren, dass man sich wieder in die Situation zurückversetzt fühlt. Das hängt mit einer bestimmten Art der Informationsabspeicherung während des traumatischen Ereignisses statt, worüber ich Ihnen gerne später noch mehr erzählen würde. Aber vielleicht erstmal so viel an dieser Stelle.* (Informationen und Ratschläge geben)

Wie klingt das für Sie?" (2. Nachfragen nach dem Informationen und Ratschläge geben)

Patient: *„(Erleichtert:) Oh man, ich bin ja erstmal froh, dass ich scheinbar nicht der Einzige mit sowas bin. Ich dachte schon, ich wäre völlig verrückt geworden und außer mir hätte so etwas keiner. Aber geht so etwas denn wieder weg?"*

Therapeut: *„Grundsätzlich kann man schon sagen, dass derartige Symptome recht gut zu behandeln sind. Das heißt, wenn sich Betroffene auf die Behandlung einlassen, ist die Wahrscheinlichkeit recht hoch, dass die Symptome gelindert werden oder ganz ver-*

6.3 Fallbeispiel zu „Diagnostik"

schwinden. (Informationen und Ratschläge geben) *Was geht Ihnen denn dazu durch den Kopf?"* (2. Nachfragen nach dem Informationen und Ratschläge geben)

Patient: *„Eine Garantie gibt es also nicht..."*

Therapeut: *„Es klingt ganz so, als ob Sie bezüglich des Behandlungserfolgs skeptisch wären."* (reflektierendes Zuhören)

Patient: *„Naja, ich wusste bis vor kurzem gar nicht, dass man so etwas behandeln muss... Wie wäre das denn dann?"*

Therapeut: *„Dazu kann ich gerne auch noch etwas sagen. Ich kann auch gut verstehen, dass Ihnen das wichtig ist. Aber erstmal wüsste ich gerne noch ein bisschen mehr zu Ihren Beschwerden, um diagnostisch noch etwas sicherer zu sein. Sie sagten ja, dass es mit dem Schlaf problematisch ist. Außerdem sind das ständige in Angst sein und die Flashbacks eine Belastung.* (Resümee) *Was ist es sonst noch, das es Ihnen im Augenblick schwer macht?"* (offene Frage)

Patient: *„Dass ich durch die Angst nichts mehr alleine machen kann. Und am liebsten gar nichts machen will, mich nur zurückziehen möchte. Ich gehe eigentlich nur noch in Begleitung raus. Und am liebsten bleibe ich zu Hause..."*

Therapeut: *„Sie vermeiden also viele Situationen."* (reflektierendes Zuhören)

Patient: *„Ganz genau! Insbesondere all das, was mich an den Angriff erinnert. In eine Kneipe, auf eine Party oder ähnliches, wo viele Jugendliche sind, würden Sie mich im Moment für keine Geld der Welt hinbekommen."*

Therapeut: *„Das, was für andere eine schöne Feier wäre, wäre aktuell richtiger Stress für Sie.* (reflektierendes Zuhören) *Was würde es für Sie so stressig machen?"* (offene Frage)

Patient: *„Einmal, dass mich durch die Jugendlichen irgendetwas an den Angriff erinnert. Und dass dann so ein ‚Flashback' – jetzt weiß ich ja, wie man das nennt – auftritt. Aber auch, dass ich seit dem Überfall so schreckhaft, nervös und dünnhäutig geworden bin. Ich bin echt nicht belastbar, erschrecke mich, flippe total schnell aus oder bin weinerlich. So war ich früher wirklich nicht. So will ich nicht gerne unter Leute gehen."*

Therapeut: *„Das waren sicherlich anstrengende zwei Monate für Sie, wenn Sie sich in so in vieler Hinsicht gar nicht kennen."* (Würdigung)

Patient: *„Ja, das war es. Aber ich bin froh, jetzt hier zu sein."*

Therapeut: *„Was versprechen Sie sich denn insbesondere von den Sitzungen hier?"* (offene Frage)

Patient: *„Ich würde mir wünschen, wieder der Alte zu werden: Also besser schlafen, wieder rausgehen, nicht immer eine Begleitung für jeden Weg zu brauchen, nicht bei jedem Geräusch zusammenschrecken und wieder fröhlicher oder auch freundlicher zu werden."*

Therapeut: *„Ja, verstehe. Der schlechte Schlaf und die Alpträume, die Flashbacks, das Vermeiden bestimmter Situationen und die Schreckhaftigkeit bzw. wie Sie sich in Ihrer Persönlichkeit dadurch verändert haben ist belastend und beeinträchtigend.* (Resümee) *Ich denke auch, dass es gut ist, dass Sie hier sind und dass Sie hier richtig sind. Und ich kann Ihnen gerne von diesem ersten Gespräch eine grobe Einschätzung geben, wenn Sie möchten?"* (1. Nachfragen vor dem Informationen und Ratschläge geben)

Patient: *„Ja, das wäre super!"*

Therapeut: *„Ok, also Ihre Beschwerden klingen tatsächlich ganz nach einer psychischen Erkrankung, die wir unter dem Begriff ‚Posttraumatische Belastungsstörung' zusammenfassen. Noch ist natürlich keine ausführliche Diagnostik erfolgt, das würde ich ganz bald mit Ihnen nachholen. Bei einer Posttraumatischen Belastungsstörung ergeben sich aber nach einem derartig schlimmen Ereignis, wie es Ihnen passiert ist, Symptome wie Flashbacks oder Wiedererleben, Vermeidungsverhalten und Veränderung des körperlichen Erregungsniveaus sowie der Stimmung.* (Informationen und Ratschläge geben) *Was geht Ihnen dazu durch den Kopf, wenn Sie das so hören?"* (2. Nachfragen nach dem Informationen und Ratschläge geben)

Patient: *„Dass das genau die Zusammenfassung der Dinge ist, die ich gerade berichtet habe. Das scheint sehr gut zu passen."*

Therapeut: *„Ja, so sehe ich das auch. Und deshalb liegt die Verdachtsdiagnose einer Posttraumatischen Belastungsstörung nahe. Aber wir werden das wie gesagt nochmal genauer anschauen. Sie haben es heute trotz dieses schlimmen Anlasses geschafft, sehr offen darüber zu reden."* (Würdigung)

6.4 Fallbeispiel zu „Patienteninformation und Patientenaufklärung"

6.4.1 Möglicher Verlauf des Fallbeispiels einer depressiven Mutter

Therapeutin: *„Gerade habe ich ja schon gesagt, dass ich bei Ihnen von der Diagnose einer Depression ausgehe. Nachdem ich nun ein bisschen von Ihnen erfahren habe, würde ich gerne mit Ihnen darüber sprechen, welche Rahmenbedingungen mit einer Therapie der Depression einhergehen. Auch Ihre Zweifel sind dabei wichtig, um eine Entscheidung für oder gegen die Therapie zu treffen."* (Opener)

Patientin: *„(Guckt unsicher bis skeptisch:) Hm..."*

Therapeutin: *„Sie scheinen einige Zweifel an all dem zu haben. Irgendwie ist Ihnen die Situation nicht geheuer, wenn ich Ihren Blick richtig deute.* (reflektierendes Zuhören) *Was geht Ihnen zu all dem durch den Kopf?"* (offene Frage)

Patientin: *„Naja... Also wissen Sie, ich möchte nicht unhöflich sein. Aber ich bin mir nicht sicher, ob das hier etwas für mich ist."*

Therapeutin: *„Sie haben das Gefühl, dass es Ihnen gar nicht so schlecht geht, dass Sie Hilfe brauchen."* (reflektierendes Zuhören)

Patientin: *„Nein, nein! Das ist es nicht. Ich glaube schon, dass ich Hilfe brauche. Aber ob es DIESE Hilfe hier sein sollte...? Und ob der Rahmen für mich passt? Ich weiß nicht..."*

Therapeutin: *„Verstehe. Psychotherapie ist Ihnen nicht vertraut; Sie haben bisher keine Erfahrungen damit.* (reflektierendes Zuhören) *Wäre es ok für Sie, wenn ich Ihnen genau dazu etwas mehr erzähle?"* (1. Nachfragen vor dem Informationen und Ratschläge geben)

6.4 Fallbeispiel zu „Patienteninformation und Patientenaufklärung"

Patientin: *„Ja, das wäre bestimmt hilfreich für mich."*

Therapeutin: *„Gerne. Vielleicht können Sie mir noch etwas genauer sagen, was Sie besonders interessiert oder was Sie sich besonders fragen?"* (offene Frage)

Patientin: *„(Lacht etwas verschämt:) Ich frage mich schon die ganze Zeit, warum Sie so viel aufschreiben. All das erzähle ich sonst kaum jemanden und Sie kenne ich erst seit heute. Irgendwie fühlt sich das komisch an."*

Therapeutin: *„Es ist ein ungewohnte Situation und kostet auch etwas Überwindung, jemand Fremdem solche intimen Dinge zu erzählen.* (reflektierendes Zuhören / Würdigung) *Das kann ich nachvollziehen. Dazu sollten Sie wissen, dass ich eine Dokumentationspflicht habe. Ich MUSS unsere Termine dokumentieren, um mich nicht strafbar zu machen. Sie dürfen übrigens alle Sachen einsehen, die ich letztlich in Ihre Akte hefte. Sie können auch gerne auf den Zettel hier schauen (legt den Dokumentationsbogen vor die Patientin auf den Tisch).* (Informationen und Ratschläge geben) *Wollen Sie mal reinschauen? Was meinen Sie dazu?"* (2. Nachfragen nach dem Informationen und Ratschläge geben)

Patientin: *„Joa... (schaut in den Bogen) Ok, ja, das haben wir gerade besprochen. Nein, überrascht mich jetzt eigentlich nicht, was da steht. Ist weniger schlimm als ich dachte... Das ist ja schonmal gut!"*

Therapeutin: *„Sie haben gedacht, da stehen Sachen, die Sie nicht erwarten und die Sie vielleicht schockieren."* (reflektierendes Zuhören)

Patientin: *„Wahrscheinlich ja."*

Therapeutin: *„Und jetzt sind Sie erleichtert."* (reflektierendes Zuhören)

Patientin: *„Ja, weil Sie nicht irgendwelche unheimlichen Schlüsse aus mir gezogen haben – das denkt man ja immer beim Psychologen."*

Therapeutin: *„(Lacht:) Sie denken, der Psychologe kann in Ihren Kopf gucken. Und jetzt merken Sie, dass hier doch nur Sachen stehen, die klar ausgesprochen wurden."* (reflektierendes Zuhören)

Patientin: *„Ja, vielleicht war es das..."*

Therapeutin: *„(Zwinkert:) Möchten Sie vielleicht noch mehr zum Rahmen hören, um mit weiteren Mythen aufzuräumen?"* (1. Nachfragen vor dem Informationen und Ratschläge geben)

Patientin: *„(Lächelt etwas erleichtert:) Gerne!"*

Therapeutin: *„Sie sagten vorhin auch, dass Sie all diese Sachen sonst fast niemandem erzählen."* (reflektierendes Zuhören / Resümee)

Patientin: *„Genau, das stimmt. Ich rede darüber mit nicht vielen Menschen. Ich möchte einfach nicht, dass alle davon wissen."*

Therapeutin: *„Und in dem Zusammenhang ist für Sie wahrscheinlich wichtig zu wissen, dass ich es auch keinem erzählen darf. Ich stehe nämlich unter Schweigepflicht, das haben Sie bestimmt schonmal gehört.* (Informationen und Ratschläge geben) *Inwiefern ist Ihnen das vielleicht neu?"* (2. Nachfragen nach dem Informationen und Ratschläge geben)

Patientin: *„Ja, das sagt mir etwas und ist nicht ganz neu. Aber ich hatte es ehrlich gesagt gar nicht so genau auf dem Schirm. Es ist aber gerade sehr entlastend, muss ich sagen."*

Therapeutin: *„Inwiefern ist es entlastend für Sie?"* (offene Frage)

Patientin: *„Ich glaube, ich kann jetzt noch etwas freier reden. Und das ist gut, denke ich."*

Therapeutin: *„Warum denken Sie, dass das freiere Reden hier für Sie gut ist?"* (Förderung von „Change Talk")

Patientin: *„Weil es mich gerade besser fühlen lässt. Manches muss doch raus."*

Therapeutin: *„Also haben Sie den Eindruck, dass manches, was im Rahmen einer Therapie abläuft wie das Reden über Probleme, Ihnen guttut."* (reflektierendes Zuhören) *Ich erzähle Ihnen gerne noch ein bisschen mehr, was zu so einer Therapie gehört, in Ordnung?"* (1. Nachfragen vor dem Informationen und Ratschläge geben)

Patientin: *„Ja, gerne!"*

Therapeutin: *„Sie sollten auch wissen, dass es verschiedene Richtlinienverfahren, also zur Behandlung zugelassene und von den Krankenkassen finanzierte Behandlungsmöglichkeiten, gibt. Das sind die Analytische Psychotherapie, die Systemische Therapie, die Tiefenpsychologisch fundierte Psychotherapie und die Verhaltenstherapie.* (Informationen und Ratschläge geben) *Was sagen Ihnen diese Begriffe? Kennen Sie davon etwas?"* (2. Nachfragen nach dem Informationen und Ratschläge geben)

Patientin: *„Ich habe das schonmal gehört. Von meiner Hausärztin. Was ist das denn hier bei Ihnen jetzt?"*

Therapeutin: *„Hier in dieser Praxis arbeiten wir mit der kognitiven Verhaltenstherapie. Wir gucken uns dafür insbesondere – wie der Name schon sagt – das Verhalten und die Gedanken im Hier und Jetzt an. Und wir versuchen, im Hier und Jetzt das Verhalten und die Gedanken so zu verändern, dass es uns Menschen besser geht.* (Informationen und Ratschläge geben) *Wie klingt das für Sie?"* (2. Nachfragen nach dem Informationen und Ratschläge geben)

Patientin: *„Hm. Kann ich mir nicht viel drunter vorstellen, wenn ich ehrlich bin. Können Sie das noch etwas anders erklären?"*

Therapeutin: *„Na klar: Bei Depressionen ist es z. B. so, dass Betroffene häufig sehr inaktiv sind, also viel im Bett liegen und sich zurückziehen. Die Gedanken sind außerdem oft sehr negativ, das haben Sie ja auch berichtet. In der Therapie versuchen wir, Menschen mit diesen Problemen wieder aktiver zu bekommen. Das hat einen positiven Einfluss auf die Stimmung. Und die Gedanken versuchen wir auch zu verändern: Zu überprüfen, ob die negativen Gedanken überhaupt stimmen. Oder sich zu fragen, wie hilfreich sie eigentlich sind.* (Informationen und Ratschläge geben) *Wie klingt das jetzt für Sie?"* (2. Nachfragen nach dem Informationen und Ratschläge geben)

Patientin: *„So kann ich mir schon eher was drunter vorstellen. Wäre für mich wahrscheinlich nicht schlecht, so inaktiv wie ich in letzter Zeit bin..."*

Therapeutin: *„Inwiefern könnte das für Sie gut sein, wie meinen Sie das?"* (Förderung von „Change Talk")

Patientin: *„Nur rumzuhängen tut wahrscheinlich niemandem gut. Mir auf jeden Fall nicht. Das weiß ich eigentlich. Ich müsste das ändern. Und wenn Sie sowas hier machen, könnte das schon hilfreich sein... Wenn ich das nur mit mir alleine ausmache, mache ich nur wieder das Nötigste, soweit ich es schaffe, also die Kinder und die Arbeit. Und hänge sonst alleine und inaktiv rum."*

Therapeutin: *„Das heißt, das spricht gerade für Sie FÜR eine Psychotherapie.* (reflektierendes Zuhören) *Ergänzend sollte ich noch anmerken, dass es auch alternative Behandlungsmethoden gibt, z. B. Medikamente.* (Informationen und Ratschläge geben) *Haben Sie davon schonmal etwas gehört?"* (2. Nachfragen nach dem Informationen und Ratschläge geben)

Patientin: *„Ja, ja. Diese Antidepressiva. Aber das möchte ich nicht, das weiß ich schonmal. Nee, lieber sowas wie bei Ihnen hier. Auch wenn ich mich frage, wie ich das alles mit Kindern und Arbeit organisiert bekommen soll."*

Therapeutin: *„Guter Punkt: Auch zum organisatorischen Ablauf würde ich Sie gerne informieren, wenn Sie das möchten?"* (1. Nachfragen vor dem Informationen und Ratschläge geben)

Patientin: *„Das wäre super! Wie läuft das denn dann so ab? Also mich würde interessieren, wie oft man kommt, wie lange das ist, usw."*

Therapeutin: *„Meistens findet eine Sitzung à 50 min in der Woche statt. Es kann auch mal größere Lücken geben, aber eine gewisse Kontinuität macht schon Sinn für den Therapieerfolg. Manchmal kann man auch – wenn das inhaltlich Sinn machen – Doppelstunden machen.* (Informationen und Ratschläge geben) *Jetzt haben wir vieles besprochen und die Zeit geht langsam zu Ende. Wie denken Sie denn hinsichtlich eines nächsten Termins?"* (Resümee / 2. Nachfragen nach dem Informationen und Ratschläge geben)

Patientin: *„Ich glaube, ich würde es gerne versuchen... Wie ist es denn, muss ich mich jetzt direkt festlegen?"*

Therapeutin: *„Nein, wirklich verbindlich wird es erst nach den sogenannten probatorischen Sitzungen, den ersten fünf Terminen. Danach wird erst eine ‚richtige' Therapie beantragt.* (Informationen und Ratschläge geben) *Ich habe Ihnen so viel erzählt – haben Sie abschließend Fragen?"* (Resümee / 2. Nachfragen nach dem Informationen und Ratschläge geben)

Patientin: *„Nein, erstmal nicht. Ich würde mich freuen, wenn wir einen neuen Termin ausmachen könnten."*

6.5 Fallbeispiel zu „Leitlinienorientierte Behandlungsempfehlungen"

6.5.1 Möglicher Verlauf des Fallbeispiels eines Jugendlichen mit Cannabisgebrauch bei erhöhtem Psychose-Risiko

Therapeut: *„Ich finde es einen großen Vertrauensvorschuss, dass du schon zu Beginn unserer Gespräche so offen bist und mir vom Kiffen erzählt hast! Ich würde dir gerne* *ein paar Informationen zum Cannabiskonsum geben, die meiner Meinung nach für dich wichtig zu wissen wären. Wäre das ok für dich?"* (Opener; 1. Nachfragen vor dem Informationen und Ratschläge geben)

Patient: *„Ja, warum nicht."*

Therapeut: *„Super, dann gucken wir uns das noch etwas genauer an. Denn was mir insbesondere wichtig ist, ist dir mit auf den Weg zu geben, dass sich in der Forschung verschiedene Zusammenhänge zwischen Cannabiskonsum und Psychosen bzw. Schizophrenie gezeigt haben. Da ich von dir weiß, dass in deiner Familie Schizophrenie oder schizoaffektive Störungen aufgetreten sind, möchte ich dich über diese Punkte informieren.* (Informationen und Ratschläge geben) *Was geht dir denn vielleicht schon vorab dazu durch den Kopf?"* (2. Nachfragen nach dem Informationen und Ratschläge geben)

Patient: *„Ah, ich weiß schon, worauf Sie hinauswollen. Auf meine beiden Onkel. Aber bei mir ist das anders, ich habe das ja nicht tagsüber."*

Therapeut: *„Du siehst also keinen Zusammenhang zu deinen aktuellen Problemen und den Erkrankungen deiner Familienmitglieder.* (reflektierendes Zuhören / Umgang mit „Sustain Talk" und Dissonanz) *Letztlich entscheidest natürlich auch du, was du mit dieser Information machst.* (Umgang mit „Sustain Talk" und Dissonanz: Betonung der Autonomie) *In einem solchen Fall muss ich aber Patienten wie dich über diese Dinge aufklären.* (Information und Ratschläge geben) *Ich hoffe, du nimmst es mir nicht übel.* (Umgang mit „Sustain Talk" und Dissonanz: um Entschuldigung bitten)

Patient: *„Nein, so war das auch gar nicht gemeint. Ich höre mir das schon an. Was sind das denn dann für Zusammenhänge, die Sie meinen?"*

Therapeut: *„Ein erster wichtiger Punkt ist, dass es eine hohe Komorbidität von Cannabiskonsum und Psychosen gibt. Das meint, dass Menschen, die kiffen, häufiger gleichzeitig eine Psychose haben als andere Menschen und umgekehrt, also auch dass Menschen mit einer Psychose häufiger kiffen. Je früher die Betroffenen mit dem Cannabis anfangen, je mehr Cannabis es ist und je schwerer die Abhängigkeit vom Cannabis ist, desto deutlicher wird dieser Zusammenhang.* (Informationen und Ratschläge geben) *Wie klingt das für dich?"* (2. Nachfragen nach dem Informationen und Ratschläge geben)

Patient: *„Hm... Nicht so dolle. Aber ist ja immernoch kein Beleg dafür, dass mich das betrifft. Ich hoffe wirklich nicht, dass mich das gleiche Schicksal erwartet wie meine Onkel oder womöglich ja auch meinen Opa. Aber ich habe ja ganz andere Probleme. Eigentlich ist mein Problem ja vor allem die Trennung von meiner Freundin. Und dass ich mich seitdem so zurückziehe."*

Therapeut: *„Du siehst also den Hauptgrund, nicht besorgt zu sein, in den unterschiedlichen Beschwerden: Du siehst nicht wirklich Parallelen zu deinen Verwandten.* (reflektierendes Zuhören / Umgang mit „Sustain Talk" und Dissonanz) *Ich kann gut nachvollziehen, dass es hinsichtlich der Symptome nicht ganz so deutlich erscheint.* (Umgang mit „Sustain Talk" und Dissonanz: Zustimmen mit einer Wendung) *Dazu muss man vielleicht noch wissen, dass manche der Symptome, die du bezüglich der Trennungssituation berichtest, auch bei Schizophrenie auftreten können, als sogenannte*

6.5 Fallbeispiel zu „Leitlinienorientierte Behandlungsempfehlungen"

‚Negativsymptomatik'. (Informationen und Ratschläge geben) *Inwiefern sagt dir das vielleicht etwas?"* (2. Nachfragen nach dem Informationen und Ratschläge geben)

Patient: „*Aha... Nein, das sagt mir ehrlich gesagt nichts. Klingt auch nicht so toll. Und Sie vermuten, dass dies im Zusammenhang mit meinen Halluzinationen abends in Richtung einer solchen Schizophrenie gehen könnte?"*

Therapeut: „*Ich kann das natürlich nicht 100 %ig sagen, aber ich sehe auf jeden Fall ein erhöhtes Risiko. Und da es in der Wissenschaft relativ unstrittig ist, dass Cannabiskonsum den Verlauf einer schizophrenen Psychose ungünstig beeinflusst, kann ich dir vom weiteren Kiffen nur abraten.* (Informationen und Ratschläge geben) *Was denkst du dazu?"* (2. Nachfragen nach dem Informationen und Ratschläge geben)

Patient: „*Oh man... Ein bisschen Angst bekomme ich jetzt langsam schon; ich will wirklich nicht ‚verrückt' werden. Aber jetzt von heute auf morgen nicht mehr kiffen? Wie soll das gehen? Also, noch nicht mal nur wegen mir, sondern auch wegen der anderen! Die halten mich doch für eine totale Spaßbremse, wenn ich nur dabeisitze und nicht mitrauche. Dann muss ich mir die Treffen eigentlich knicken – aber das sind meine engsten Leute. Was soll ich dann noch groß mit mir allein anfangen? Das ist echt doof... Und ganz ehrlich: Wenn ich mein bisschen Kiffen mit den anderen vergleiche, ist das doch nichts. Das soll gefährlich sein?"*

Therapeut: „*Das Kiffen ist also insbesondere für deine sozialen Kontakte Mittel zum Zweck – da kann ich gut verstehen, dass du Sorge hast, nicht mehr zu kiffen, wenn die Freundschaften wegfallen würden.* (Umgang mit „Sustain Talk" und Dissonanz: Zustimmen mit einer Wendung) *Also, einerseits klingen diese Infos für dich schon auch bedrohlich. Anderseits kannst du dir wegen deiner Freundschaften nicht vorstellen, wie es machbar sein soll, mit dem Kiffen aufzuhören.* (reflektierendes Zuhören / zweiseitige Reflexion) *Warum klingen die Infos denn etwas bedrohlich für dich? Was macht dir Angst daran?"* (Förderung von „Change Talk")

Patient: „*Wie gesagt, ‚verrückt' werden möchte ich wirklich nicht. Ich mag meine beiden Onkel wirklich, aber wenn es geht, möchte ich ihre Krankheit nicht bekommen.*"

Therapeut: „*Warum möchtest du ihre Krankheit nicht bekommen?"* (Förderung von „Change Talk")

Patient: „*Naja, es hat ihr Leben sicherlich nicht einfacher gemacht. Sie waren beide ziemlich schlaue Kerle. Aber ihren Beruf konnten sie am Ende nicht mehr machen. Das hat sie zusätzlich zu allem anderen ziemlich runtergezogen. Ist ja auch klar, wenn sowas wichtiges wegfällt. Die haben ihre Jobs gerne gemacht, insbesondere mein einer Onkel, der brannte total dafür. Und dann war plötzlich Ende.*"

Therapeut: „*Ein richtig erfülltes Leben ohne einen Job, den man gerne macht, kannst du dir für dich nicht vorstellen.*" (reflektierendes Zuhören)

Patient: „*Ja, schon. Nicht nur für den Job, auch sowas wie Partnerschaft. Das macht es ja auch schwierig... Wer will denn so einen Partner? Meinem einem Onkel ist dann auch die Frau davongelaufen. Vielleicht auch aus anderen Gründen als nur der Krankheit, aber trotzdem...*"

Therapeut: *„Du könntest dir vorstellen, dass die Schizophrenie die letzte Partnerschaft deines Onkels kaputtgemacht hat. Und es wäre dir lieber, das Risiko für dich auszuschließen. Du hast Sorge, sonst später allein zu sein."* (reflektierendes Zuhören)
Patient: *„Ja, schon. Das wäre das Letzte, was ich will."*
Therapeut: *„Die Punkte berufliche Erfüllung und eine Partnerschaft führen wären dir also besonders wichtig. Und eine Schizophrenie stünde dem deiner Ansicht nach im Weg."* (Resümee)
Patient: *„Ja, das fänd ich schlimm. (denkt nach)"*
Therapeut: *„Du bist gerade ganz hin- und hergerissen, was du jetzt mit diesen neuen Infos machen sollst."* (reflektierendes Zuhören)
Patient: *„Ja. Ich fühle mich gerade so ein bisschen wie zwischen Pest und Cholera: Entweder hab ich erstmal keine Freunde mehr, werde aber nicht verrückt. Oder ich habe noch Freunde, werde aber verrückt."*
Therapeut: *„Du gehst also fest davon aus, dass du deine Kontakte verlieren würdest, wenn du nicht mehr mitkiffst."* (reflektierendes Zuhören)
Patient: *„Guter Punkt. Ganz sicher bin ich mir da gar nicht. Ich könnte eigentlich von diesem Risiko erzählen, das erklärt es ja gut. Wenn sie es nicht verstehen, sind es wohl auch keine Freunde. Und andersherum denke ich gerade, dass sie mich völlig durchgeknallt vielleicht auch nicht mehr dabeihaben wollen würden."*
Therapeut: *„Du könntest dir doch vorstellen, dass das klappen könnte. Und du hast sogar schon Ideen, wie du das angehen könntest.* (reflektierendes Zuhören) *Wieso denkst du jetzt gerade, dass du das doch hinkriegen könntest?* (Förderung von „Change Talk", hier „Confidence Talk")
Patient: *„Ich finde die Begründung, was da bei mir passieren könnte, hilfreich dafür. Ich kann das ja komplett dadurch erklären. So ist es nicht so schwierig. Und von meinen Verwandten kann ich auch erzählen. Ist zwar ein bisschen unangenehm, aber besser als keine gute Begründung zu haben."*
Therapeut: *„Das klingt ja so, als würdest du schon ziemlich konkret darüber nachdenken, das mit dem Kiffen zu ändern.* (reflektierendes Zuhören) *Was genau hast du vor zu machen?* (Förderung von „Change Talk", hier Übergang in den mobilisierenden „Change Talk")
Patient: *„Ich glaube, ich spreche das bei unserem nächsten Treffen an. Wir treffen uns übermorgen Abend. Wenn ich dann so motiviert bin wie jetzt gerade, mache ich das echt."*
Therapeut: *„Jetzt gerade bist du dir also recht sicher, dass du machen möchtest.* (reflektierendes Zuhören) *Wie möchtest du bei dem Treffen übermorgen Abend dann vorgehen?* (Förderung von „Change Talk", hier mobilisierender „Change Talk")
Patient: *„Einer der anderen fängt immer an, den Joint zu drehen. Und dann wird er rumgereicht. Aber ich glaube, wo ich so drüber nachdenke: Bis dahin warte ich gar nicht. Ich mache das besser direkt. Ich könnte, wenn ich reinkomme, als erstes sagen, dass ich etwas besprechen möchte. Und dass es mir nicht leichtfällt. So habe ich*

bestimmt volles Gehör. Und dann erzähle ich von Ihren Infos von heute. Und von meiner Familie. Und dann mal schauen..."

Therapeut: *"Das klingt nach einem ziemlich konkreten Plan.* (reflektierendes Zuhören) *Was kann dir vielleicht noch helfen?"* (Förderung von „Change Talk", hier mobilisierender „Change Talk")

Patient: *"Ich gebe Ihnen mein Wort drauf – und dass ich das nicht brechen will, hilft mir zusätzlich!"*

Therapeut: *"Ok, du bist gerade wirklich sehr verbindlich.* (reflektierendes Zuhören) *Dann besprechen wir beim nächsten Mal, wie es gelaufen ist."*

6.6 Fallbeispiel zu einer weiteren Situation

6.6.1 Möglicher Verlauf des Fallbeispiels zum Umgang mit Wiegen bei Essstörungen

Therapeutin: *"Schön, Sie zu sehen, Frau Hesen! Und vielen Dank dafür, dass Sie wieder zuverlässig das Gewicht von Ihrem Arzt mitgebracht haben! Nun haben wir nur noch zwei Termine vor Ihrem Auslandssemester in London vor uns, für die wir uns sehen. Wenn Sie einverstanden wären, würde ich die anstehende Zeit gerne etwas mit Ihnen vorbesprechen. Sind Sie damit einverstanden?"* (Opener)

Patientin: *"Ja, das finde ich super! Ich mache mir da auch schon etwas Gedanken darüber, wie es dann in London so mit der Essstörung laufen wird. Ich freue mich total auf London, aber ein bisschen Angst habe ich auch. Bisher ist alles so gut gelaufen und ich bin meistens zufrieden damit, wo ich jetzt stehe. Das soll sich ja nicht ändern."*

Therapeutin: *"Sie sehen in dem Auslandsaufenthalt trotz aller Freude darauf also auch ein Risiko.* (reflektierendes Zuhören) *Welche Punkte sind es denn, mit denen Sie zufrieden sind und die sich nicht ändern sollen?* (Förderung von „Change Talk") *Das wäre ja gerade hinsichtlich unserer Frage, wie es in London weitergehen soll, interessant."*

Patientin: *"Es war und ist wirklich wichtig für mich, regelmäßig zu essen, auch wenn mir das ja erst sehr schwergefallen ist. Das braucht mein Körper einfach, ich schaffe den Tag sonst nicht. Zum Glück ist mir das mittlerweile so klar."*

Therapeutin: *"Ihr Körper hat Ihnen seine Grenzen aufgezeigt und das bewerten Sie im Nachhinein als hilfreich.* (reflektierendes Zuhören) *Was war dafür hilfreich? Oder woran haben Sie gemerkt, dass Ihr Körper das braucht?"* (Förderung von „Change Talk")

Patientin: *"Zum Beispiel, dass ich jetzt die ganze Organisation des Auslandssemesters hinbekommen habe. Das hätte ich sonst nicht geschafft, da hätte ich nicht genug Energie für gehabt. Maximal die Hälfte von all dem, was ich jetzt am Tag erledige, wäre möglich gewesen. Denn die andere Hälfte hätte ich mich beim Mittagsschlaf erholen müssen – so wie früher nach der Uni halt. Ich wollte das schaffen, es war mir so wichtig – und jetzt organisiere ich an einem Tag so viele Dinge für London, dass ich es selber manchmal kaum glauben kann."*

Therapeutin: *"Weil es Ihnen so wichtig war, haben Sie nicht aufgegeben und unheimlich viel Ausdauer ins regelmäßige Essen investiert.* (Würdigung) *Wir können also festhalten, dass das regelmäßige Essen in den nächsten drei Monaten eine besondere Priorität bei Ihnen haben wird, weil Sie die Tage in London nutzen und Ihrem Körper die dafür nötige Energie geben möchten.* (Resümee) *Was ist es noch, womit Sie zufrieden sind oder was Sie nicht ändern wollen?"* (Förderung von „Change Talk")

Patientin: *„Ich glaube, der andere wichtige Punkt ist das Thema Sport. Sie wissen ja, wie gerne ich das regelmäßige Essen mit Sport kompensiert habe... Und es war gut, dass wir es hier mit im Blick hatten."*

Therapeutin: *„Es hat Ihnen geholfen, dass jemand anders Sie in gewisser Hinsicht etwas kontrolliert hat."* (reflektierendes Zuhören)

Patientin: *„Ja, so ist es! Diese klare Regel, maximal drei Mal die Woche eine Stunde Sport zu treiben, war dann auch eine gute Hilfe. So eine klare Grenze zu haben, um sich nicht selbst austricksen zu können."*

Therapeutin: *„Das heißt, ohne die klare Grenze wären Sie manchmal vielleicht unehrlich zu sich gewesen."* (reflektierendes Zuhören)

Patientin: *„Ja, dann hätte die Essstörung mehr Möglichkeiten gehabt, doch wieder mehr Raum einzunehmen."*

Therapeutin: *„Ok, also wollen Sie auch in London maximal drei Mal pro Woche eine Stunde Sport treiben, damit die Essstörung sich nicht an der Stelle wiedereinschleicht."* (Resümee)

Patientin: *„Genau, das wäre ein weiterer Punkt. Aber es gibt noch etwas anderes, was mich in der letzten Zeit besonders beschäftigt hat. Ich frage mich, wie es mit dem Wiegen weitergehen soll."*

Therapeutin: *„Ach gut, dass Sie es ansprechen. Denn die Frage wollte ich auch gerne mit Ihnen klären. Was geht Ihnen denn zu dieser Frage durch den Kopf, dass es Sie so sehr beschäftigt?"* (offene Frage)

Patientin: *„Naja, ich weiß einfach nicht, was wohl das Beste für mich ist: Regelmäßig weiterwiegen, so wie bisher, oder das Wiegen für die Zeit in London lieber aussetzen."*

Therapeutin: *„Hm... Gute Frage, auf die ich auch nicht direkt eine Antwort habe. Ich glaube, dass nur Sie beurteilen können, was da für Sie das Beste ist. Wir können das ja mal in beide Richtungen durchdenken: Die Frage ist also, was für Sie die Argumente fürs bzw. gegen das Wiegen im Ausland sind.* (Eröffnen einer neutralen Exploration) *Mit welcher Seite wollen wir anfangen?"*

Patientin: *„Ich glaube mit Pro Wiegen."*

Therapeutin: *„Ok, machen wir so. Was sind denn für Sie die Gründe, warum Sie überlegen, sich auch in London weiterzuwiegen? Was versprechen Sie sich davon oder was würden Sie befürchten, wenn Sie es nicht so machen würden?"* (Förderung von „Change Talk" bzw. der einen Seite der neutralen Situation)

6.6 Fallbeispiel zu einer weiteren Situation

Patientin: „*Tja, ich bin Ihnen ja schon sehr dankbar, dass Sie so stringent das Gewicht verfolgt haben. Das regelmäßige Wiegen ist ja nicht gerade meine Lieblingsbeschäftigung. Aber ich glaube schon, dass es sonst leicht hätte passieren können, dass die Essstörung sich mehr durchgesetzt hätte, ohne dass es direkt klar gewesen wäre.*"

Therapeutin: „*Meine unliebsamen Gewichtskontrollen haben also Ihre Essstörung ein stückweit in Schach gehalten.*" (reflektierendes Zuhören)

Patientin: „*Ja, das gibt der gesunden Seite in mir etwas Sicherheit. Und genau davor habe ich etwas Angst: Was, wenn es in London einreißt und ich wieder ins Abnehmen rutsche?*"

Therapeutin: „*Sie haben Sorge, nach London wieder an dem Punkt zu stehen, an dem Sie in die Therapie gekommen sind.*" (reflektierendes Zuhören)

Patientin: „*Genau, dann wäre alles umsonst gewesen und ich muss nochmal durch all das durch. Und es war schließlich anstrengend.*"

Therapeutin: „*Ja, es war eine schwierige Zeit für Sie, die Ihnen viel abverlangt hat.*" (Würdigung)

Patientin: „*(Nickt:) Ich halte das nicht für unwahrscheinlich, auch wenn es schon eine Zeit gut läuft. Gerade, wenn so viel Neues bevorsteht. Dann gerät alles leicht ins Wanken.*"

Therapeutin: „*Dann kann es Ihrer Ansicht nach leichter passieren, dass Sie in alte Muster zurückfallen.*" (reflektierendes Zuhören)

Patientin: „*Hmm, genau.*"

Therapeutin: „*Gibt es noch mehr Gründe?*" (Förderung von „Change Talk" bzw. der einen Seite der neutralen Situation)

Patientin: „*Schon. Irgendwie ist das Gewicht auch ein klares Zeichen: Wenn es runtergeht, läuft wohl was schief. Wenn es gleichbleibt oder sogar noch etwas steigt, ist alles ok und es läuft richtig im Sinne der Therapieziele. Da kann man sich nichts vormachen oder sich austricksen.*"

Therapeutin: „*Sie hätten damit ein klares Kriterium, was Ihnen schnell aufzeigen würde, wenn Handlungsbedarf bestünde.*" (reflektierendes Zuhören)

Patientin: „*Ja, dann muss ich es auch nicht an den Punkt kommen lassen, wo ich zu Beginn der Therapie war. Bis dahin würde ich es dann sicher nicht einfach weiterlaufen lassen.*"

Therapeutin: „*Vorher würden Sie es mitbekommen und eingreifen können.*"

Patientin: „*Ja, und ich würde dann sicher auch eingreifen. Vielleicht nicht sofort, aber nach ein paar Tagen oder ein paar wenigen Kilos bestimmt.*"

Therapeutin: „*Hm, verstehe. Gibt es noch etwas, was für das Wiegen spricht oder was Sie ohne Wiegen befürchten würden?*" (Förderung von „Change Talk" bzw. der einen Seite der neutralen Situation)

Patientin: „*(Überlegt:) Irgendwie wäre das auch etwas Vertrautes bei all dem Neuen. Eine Sache, die bleibt, wie sie ist. (Überlegt:) Und ich glaube, das war's so an Punkten, die mir Pro Wiegen einfallen.*"

Therapeutin: *„Ok, dann wäre Ihnen also die Kontrolle über das Gewicht, dass es nicht einreißt, ohne dass Sie es merken und dann nicht rechtzeitig Maßnahmen ergreifen könnten, wichtig, dass Sie dadurch nicht wieder einen großen Schritt zurück machen, ein klares Kriterium für Rückschritte haben und dass das Vorgehen etwas Vertrautes hat.* (Resümee) *Wie sieht es denn dann mit der anderen Seite aus? Was würden Sie sich vom Nichtwiegen versprechen bzw. was sind auch Ihre Befürchtungen, wenn Sie sich in London regelmäßig wiegen?"* (Förderung von „Change Talk" bzw. der anderen Seite der neutralen Situation)

Patientin: *„Naja, auf der anderen Seite triggert mich die Zahl auf der Waage ja immer ungemein, insbesondere wenn die Zahl zunehmend höher geht – und das sollte sie ja eigentlich ruhig noch ein bisschen, weiß die gesunde Seite in mir. Wenn ich dann nicht jede Woche bei Ihnen bin und die ‚gesunde Seite' in mir etwas stärke, könnte die Essstörung Chancen wittern."*

Therapeutin: *„Sie haben Angst davor, dass die Essstörung ohne regelmäßige Therapietermine die Oberhand gewinnt."* (reflektierendes Zuhören)

Patientin: *„Ja, es könnte schon sein, dass die Zahl auf der Waage schwerer zu ertragen wird. Und gleichzeitig könnte dann mein Wunsch abzunehmen größer werden."*

Therapeutin: *„Ihre Sorge ist, dass Sie – wenn Sie auf sich allein gestellt sind – nicht standhaft bleiben können."* (reflektierendes Zuhören)

Patientin: *„Genau, insbesondere dann nicht, wenn ich auf mich allein gestellt immer mit dieser Gewichtszahl konfrontiert bin. Und wenn ich die Zahl nicht ständig sehen muss, fällt es mir eben leichter, sie zu ertragen."*

Therapeutin: *„Verstehe. Das würde es Ihnen erstmal leichter machen, weil es Sie emotional nicht so belasten würde."* (reflektierendes Zuhören)

Patientin: *„Ja."*

Therapeutin: *„Mir fällt gerade eine Sache ein, die dazu passt, die wir schonmal besprochen hatten. Darf ich Sie kurz an diese Sache erinnern?"* (1. Nachfragen vor dem Informationen und Ratschläge geben)

Patientin: *„Klar – woran?"*

Therapeutin: *„Es klingt ganz nach Vermeidungsverhalten, so wie wir es mal besprochen hatten. Über Vermeidungsverhalten wissen wir aus der Forschung, dass es Probleme in der Regel langfristig aufrechthält und sie nicht kleiner macht. Meist ist Vermeidungsverhalten aber kurzfristig hilfreich und entlastend, das ist das Trügerische daran.* (Informationen und Ratschläge geben) *Erinnern Sie sich? Wie denken Sie darüber?"* (2. Nachfragen nach dem Informationen und Ratschläge geben)

Patientin: *„Ja, ich erinnere mich. Ich finde aber nicht, dass das in dem Fall Vermeidungsverhalten ist. Es geht mir ja nur um die Zeit in London, danach könnte ja alles weiterlaufen wie bisher. In den drei Monaten würde ich es eher als hilfreiches Verhalten sehen, dass ich normal weiteresse, nicht zu viel Sport treibe und so weiter. Ich würde es dann eher schaffen, das alles beizubehalten."*

Therapeutin: *„Sie werden das natürlich auch machen, wie Sie möchten, da will ich Ihnen gar nicht reinreden!* (Umgang mit „Sustain Talk" und Dissonanz: Betonung der

Autonomie) *Sie würden also sagen, dass es in der Hinsicht keinen Grund zur Sorge gibt, also nach drei Monaten nicht wiegen würden Sie dann wieder ganz normal damit weitermachen."* (Umgang mit „Sustain Talk" und Dissonanz: reflektierendes Zuhören)

Patientin: *„Naja, wenn ich mir das jetzt so vorstelle, würde es mir wahrscheinlich doch recht schwerfallen, nach drei Monaten ohne Wiegen einfach so wieder auf die Waage zu gehen. Vielleicht ist das mit dem Vermeidungsverhalten doch auch in dem Fall passend. Aber auf jeden Fall wäre das nicht ständig die Zahl auf der Waage sehen zumindest kurzfristig in London hilfreich, um normal weiteressen zu können."*

Therapeutin: *„Ok, in London wäre es für manche Punkte wie das normale Weiteressen gut. Danach würde es Ihnen aber möglicherweise schwerer fallen, wieder auf die Waage zu steigen.* (reflektierendes Zuhören) *Gibt es noch andere Punkte, die Sie sich vom Nicht-Wiegen versprechen würden oder die Ihnen beim regelmäßigen Wiegen Sorgen bereiten würden?"* (Förderung von „Change Talk" bzw. der anderen Seite der neutralen Situation)

Patientin: *„Nein, ich glaube das war's."*

Therapeutin: *Das heißt also, für das Wiegen spricht eine gewisse, Ihnen vertraute Kontrolle über die Situation: Den Verlauf beobachten und rechtzeitig eingreifen können, bevor es zu weit fortgeschritten ist. Auf der anderen Seite, gegen das Wiegen, spricht, dass die ständige Konfrontation mit dem Gewicht auch eine Gefahr birgt, welche die Essstörung in der unvertrauten Umgebung für sich ausnutzen könnte.* (Resümee) *Was denken Sie gerade über die beiden Optionen, nachdem wir sie durchgegangen sind?"* (offene Frage)

Patientin: *„(Überlegt:) Erstmal denke ich, dass das sehr hilfreich war, um es etwas zu sortieren. Ansonsten ist keine der beiden Optionen perfekt. Aber ich habe eine Tendenz, nachdem Sie die beiden Seiten so direkt gegenübergestellt haben: Ich glaube, für mich spricht doch mehr dafür, mich auch in London weiterzuwiegen. Ich überlege gerade, ob ich mir sogar dort einen Arzt dafür suchen sollte. Aber das macht es vielleicht auch doch zu umständlich. Sonst auch ohne Arzt: Lieber weiterhin wiegen. Ich brauche ein bisschen Kontrolle. Und gerade, wenn sich sonst alles ändert, sollte ich vielleicht nicht auch direkt an der Gewichtskontrolle rütteln."*

Therapeutin: *„Die Gewichtskontrolle gibt Ihnen etwas Sicherheit in einer sehr neuen Situation wie dieser."* (reflektierendes Zuhören)

Patientin: *„Ja, so ist es. Und wo Sie es so sagen, fühlt sich das wie die ‚richtigere' Option an."*

Anhang: Beispiel-Lösungen zu den Übungen

Dies sind Beispiel-Lösungen für die Übung 1: Welches Kommunikationsaxiom erscheint für die folgenden Situationen besonders hilfreich?
Meistens können mehrere Axiome als Lösungen herangezogen werden. Mögliche, hier als vorrangig passend angedachte Lösungen sind:

1. Axiom 2 zum **Inhalts- und Beziehungsaspekt:** Es wird auf der Beziehungsebene deutlich, dass der Patient dem Therapeuten nicht zutraut, dass er ihm helfen kann.
2. Axiom 4 zur **digitalen und analogen Kommunikation:** Die Kommunikation ist widersprüchlich, denn während die digitale Botschaft ein schlimmes Ereignis beinhaltet, wird analog wenig emotionale Beteiligung oder Leiden deutlich.
3. Axiom 5 zu **symmetrischen und komplementären Kommunikationsabläufen:** Die Patientin sieht die therapeutische Beziehung als stark komplementär geprägte Kommunikation. Der Therapeut ist derjenige, der sagt, was zu tun ist.
4. Axiom 1 zu „**Man kann nicht *nicht* kommunizieren.**": Der Patient ist offensichtlich nicht besonders redselig und wenig gewillt, sich auf ein Gespräch einzulassen (häufig bei Fremdmotivation). Seine Botschaft ist beispielsweise etwa „Ich habe wenig Interesse an diesem Gespräch und möchte nichts von mir preisgeben. Am liebsten wäre ich nicht in diesem Termin. Ich wollte das nicht."
5. Axiom 3 zur **Interpunktion der Kommunikation:** Die Patientin interpretiert die Interpunktion möglicherweise so, dass der Beginn bei der Schwiegertochter lag, welche die Treffen mit dem Enkelkind abgesagt hat. Die Schwiegertochter sagt die Treffen vielleicht wiederum ab, weil die Schwiegermutter sich bei einer Begegnung – sofern denn eine stattfindet – ständig über die wenigen Treffen beschwert.

Dies sind Beispiel-Lösungen für die Übung 2: Welche Botschaften nehmen Sie auf den vier Ebenen wahr?
Mögliche Botschaften auf den vier Ebenen als Beispiel-Lösungen:

1. **Sachinhalt:** „Mein Sohn will einfach nicht hören! Da muss man doch manchmal härtere Maßnahmen an den Tag legen! Ich kann mir doch schließlich nicht auf der Nase herumtanzen lassen!"
Selbstoffenbarung: „Ich weiß nicht mehr weiter und bin in der Erziehung meines Sohnes zunehmend hilflos. Ich fühle mich zum Narren gehalten. Ich reagiere zunehmend besonders hart." (eher implizite Selbstoffenbarung)
Beziehung: „Mit Ihnen kann ich diesbezüglich ehrlich sein."
Appell: „Sagen Sie mir bitte, dass es ok ist, bei so einem schwierigen Kind härtere Maßnahmen heranzuziehen!" (Appell relativ offen bis leicht uneindeutig formuliert)
2. **Sachinhalt:** „Ich wusste nicht, dass unsere Gesprächstermine langsam zu einem Ende kommen. Ich bin immer noch in keiner neuen Partnerschaft, obwohl mir das ein so wichtiges Anliegen war."
Selbstoffenbarung: „Ohne einen neuen Partner komme ich nicht klar. Einen neuen Partner zu finden ist für mich das Wichtigste." (relativ explizite Selbstoffenbarung)
Beziehung: „Sie sind schuld, dass ich bisher keinen neuen Partner gefunden habe. Sie müssten mir mehr helfen. Ich brauche Sie, um einen neuen Partner zu finden!"
Appell: „Bitte machen Sie auch in Zukunft weitere Sitzungstermine mit mir und lassen Sie mich nicht im Stich bei der Suche nach einem neuen Partner!" (Appell verdeckt)

Dies sind Beispiel-Lösungen für die Übung 3: Geschlossene Fragen offen formulieren
Mögliche offene Fragen als Beispiel-Lösungen:

1. „Wer oder was führt Sie hierher?"
2. „Was gefällt Ihnen daran, sich gesund zu ernähren?"
3. „Welche Unterstützungen oder Hilfen haben Sie bisher ausprobiert?"
4. „Welche Probleme können Sie sich vorstellen, wenn Sie auch in Zukunft so rauchen wie bisher?"
5. „Wie denken Sie über die Vorschläge Ihrer Freunde, sich anders zu verhalten?"

Dies sind Beispiel-Lösungen für die Übung 4: Würdigungen formulieren
Mögliche Würdigungen als Beispiel-Lösungen:

1. „Man hat Ihnen einiges abverlangt. Sie mussten sich irgendwie über diese Zeit ohne Therapieplatz retten."
2. „Für Ihre Kinder finden Sie immer noch die Kraft, sich fürs Weiterleben anzustrengen."
3. „Sie haben schon viel an Bemühungen und Anstrengungen in dieses Thema gesteckt."
4. „Sie mussten viele Verletzungen ertragen. Und Sie bemühen sich gerade mehr denn je, sich zu wehren."
5. „Sie haben sich da richtig reingehangen und nicht nur ein bisschen rumprobiert."

Dies sind Beispiel-Lösungen für die Übung 5: Konkrete Reflexionen formulieren
Mögliche Reflexionen als Beispiel-Lösungen:

1. „Sie sind wütend darüber, wie man mit Ihnen während dieser Therapieplatzsuche umgegangen ist."
2. „Sie sind immer wieder hin- und hergerissen, ob Sie am Leben bleiben wollen. Wegen Ihrer Kinder haben Sie sich jedes Mal bisher gegen einen Suizid entschieden."
3. „Sie sind enttäuscht darüber, dass all die Anstrengungen Sie bisher noch nicht weitergebracht haben."
4. „Sie möchten sich für all das, was man Ihnen angetan hat, bei den Verursachern rächen."
5. „Sie sind zufrieden, vielleicht sogar etwas stolz, dass Sie die Hausaufgabe durchgezogen haben."

Dies sind Beispiel-Lösungen für die Übung 6: Resümee erstellen
Mögliches Resümee als Beispiel-Lösungen:
„Sie haben sehr viele verschiedene Hilfen genutzt, von traditionellen, schulmedizinischen Ansätzen über Alternativmedizin bis hin zur Psychotherapie. Jetzt hoffen Sie, dass die Sitzungen hier die Lösung werden, wenngleich Sie bisher nicht an Psychotherapie geglaubt haben."
(überleitendes Resümee)

Dies sind Beispiel-Lösungen für die Übung 7: „Change Talk" erkennen
Antworten:

1 ….Da habe ich mir gedacht, dass ich es heute Abend mal ruhiger angehen lassen werde, um morgen besser aus dem Bett zu kommen und nicht wieder diesen Stress zu haben…
2 ….Ich wäre nur gerne ein bisschen besser organisiert, was Termine angeht. Immer zu spät kommen ist doof…
3 ….natürlich finde ich es nicht gut, dass ich da handgreiflich geworden bin…
4 ….muss nun mal leiden. … Ich bin für ein paar Opfer bereit…
5 ….dass ich auch Angst habe, was aus mir wird, wenn es so weitergeht…

Dies sind Beispiel-Lösungen für die Übung 8: „Change Talk"-Unterformen unterscheiden
Antworten:

1. Mobilisierend.
2. Vorbereitend.
3. An der Grenze zwischen vorbereitend und mobilisierend.
4. Mobilisierend.
5. Vorbereitend.

Dies sind Beispiel-Lösungen für die Übung 9: „Change Talk" fördern
Mögliche Optionen als Beispiel-Lösungen:

1. „Eigentlich lief der Arbeitstag letztlich gut. Trotzdem möchten Sie den Stress auf der Arbeit nicht mehr haben. Was genau macht es so stressig für Sie?"
2. „Ihr Chaos hat viele positive Seiten für Sie. Gleichzeitig wären Sie bei Terminen manchmal gerne etwas organisierter. Wieso würden Sie es für Ihre Termine manchmal lieber organisierter angehen?"
3. „Das ist wirklich schwierig für Sie. Trotzdem sind Sie mit Ihrer Lösung nicht ganz zufrieden. Inwiefern finden Sie es nicht gut, dass Sie in der Situation handgreiflich geworden sind?"
4. „Gutes Aussehen ist Ihnen sehr wichtig, auch wenn es mit Leiden oder Opfern für Sie einhergeht. Welche Leiden oder Opfer meinen Sie genau?"
5. „Alle bedrängen Sie damit, dass Sie sich ändern müssen. Dabei macht Ihnen der Gedanke eigentlich schon so genug Angst. Wovor haben Sie persönlich denn Angst bezüglich Ihrer Ausbildung?"

Dies sind Beispiel-Lösungen für die Übung 10: „Change Talk"-Unterformen fördern
Mögliche Optionen als Beispiel-Lösungen:

1. (Mobilisierend:) „Wie soll diese Reißleine konkret aussehen?"
2. (Vorbereitend:) „Aus welchem Grund denken Sie, dass es besser wäre, mit dem Rauchen aufzuhören? Woran merken Sie, dass Sie zunehmend angeschlagen sind?
3. (An der Grenze zwischen vorbereitend und mobilisierend:) „Warum kann es so nicht weitergehen?", „Wie sollte es stattdessen weitergehen?"
4. (Mobilisierend:) „Wie werden Sie nun weitermachen?"
5. (Vorbereitend:) „Wieso wären Sie gerne eine gelassenere und ruhigere Mutter?"

Dies sind Beispiel-Lösungen für die Übung 11: Auf „Sustain Talk" und „Dissonanz" reagieren
Mögliche Optionen als Beispiel-Lösungen:

1. „Sie halten die Reaktion der meisten Menschen für übertrieben." (Reflexion)
2. „Sie haben schon einiges versucht, um weniger zu arbeiten. Es ist sehr schwierig." (Würdigung / Reflexion)
3. „Sie haben sich schon einmal ernsthaft darum bemüht und es hat nicht geklappt." (Würdigung / Reflexion)
4. „Sie finden dieses Vorgehen ziemlich weltfremd." (Reflexion)
5. „Nach Ihren bisherigen Versuchen, für die Sie sich aufgerafft hatten, haben Sie wenig Hoffnung." (Würdigung / Reflexion)

Dies sind Beispiel-Lösungen für die Übung 12: Von „Sustain Talk" und Dissonanz in den „Change Talk" kommen
Mögliche Optionen als Beispiel-Lösungen:

1. „Im Großen und Ganzen finden Sie Kiffen unbedenklich. In einzelnen wenigen Fällen kann es Ihrer Ansicht nach mal schief gehen. Was muss dafür passieren, dass es mal schief geht?"
2. „Einerseits würden Sie gerne weniger arbeiten. Andererseits glauben Sie, dass das völlig unrealistisch ist, wenn Sie Ihren Job behalten wollen. Aus welchen Gründen würden Sie denn prinzipiell gerne weniger arbeiten, mal angenommen das ginge?"
3. „Eigentlich finden Sie es schon erstrebenswert, pünktlich zu sein. Und gleichzeitig denke Sie, dass Sie das nicht hinbekommen. Was fänden Sie gut daran, häufiger pünktlich zu sein?"
4. „Auf der einen Seite können Sie sich nicht vorstellen, dass das so umsetzbar ist. Auf der anderen Seite finden Sie das Vorgehen irgendwie sinnvoll. Was daran finden Sie theoretisch sinnvoll?"
5. „Sie denken, dass die Überwindung zu groß sein wird, um es zu schaffen. Andererseits haben Sie es aber schon einmal geschafft. Wie haben Sie es das eine Mal hinbekommen?"

Dies sind Beispiel-Lösungen für die Übung 13: Mit verschiedenen Techniken auf „Sustain Talk" und Dissonanz reagieren
Mögliche Optionen als Beispiel-Lösungen:

1. „Ihnen geht es beim Konsum vor allem darum, wie gefährlich die Droge ist. Und wenn Sie Kiffen da mit anderen Drogen vergleichen, finden Sie es vergleichsweise harmlos. Damit haben Sie sicherlich recht, dass es noch gefährlichere Drogen gibt." (Zustimmen mit einer Wendung)
2. „Bitte entschuldigen Sie! Es ist besonders für Sie in Ihrem Job schwirig, weniger zu arbeiten. Und es hat scheinbar den Eindruck gemacht, dass ich das nicht bemerkt hätte." (um Entschuldigung bitten / Würdigung)
3. „Sie sind enttäuscht von sich." (Reflexion)
4. „Sie fühlen sich gerade zu etwas genötigt, was Sie für wenig umsetzbar halten. Letztlich ist es natürlich Ihre Entscheidung, was Sie umsetzen wollen und was nicht. Ich möchte nicht, dass Sie sich bedrängt fühlen." (Reflexion / Betonung der persönlichen Autonomie)
5. „Sie haben es jetzt so oft versucht und so viel an Energie investiert – und trotzdem hat es nicht zu dem gewünschten Erfolg geführt. Stattdessen waren Sie oft frustriert. Vielleicht ist es besser, Sie belassen die Situation doch so, wie sie ist, wenn es für Sie sonst so frustrierend ist." (Würdigung / sich auf die Seite des Patienten stellen)

6. „Wenn es nach Ihnen gegangen wäre, wären Sie heute nicht hierhergekommen." (Reflexion)
7. „Sie haben keine Angst vor den gesundheitlichen Folgen von Rauchen." (Reflexion)
8. „Bitte entschuldigen Sie, wenn ich Ihnen zu nahegetreten bin! Natürlich entscheiden Sie, wie es weitergeht!" (um Entschuldigung bitten / Betonung der persönlichen Autonomie)
9. „Für Sie gibt es nach allem Abwägen keine Gründe, warum Sie sich von Ihrem Chaos verabschieden sollten. Vielleicht ist es dann tatsächlich das Beste für Sie, wenn Sie die Situation so beibehalten." (sich auf die Seite des Patienten stellen)
10. „Sie sind jemand, der eine Sache durchzieht, wenn er sie sich vornimmt!" (Würdigung)

Literatur

1. Approbationsordnung für Psychotherapeutinnen und Psychotherapeuten vom 4. März 2020 (BGBl. I S. 448), die durch Artikel 3 der Verordnung vom 22. September 2021 (BGBl. I S. 4335) geändert worden ist.
2. Frost, H., Campbell, P., Maxwell, M., O'Carroll, R. E., Dombrowski, S. U., Williams, B., Cheyne, H., Coles, E., & Pollock, A. (2018). Effectiveness of motivational interviewing on adult behaviour change in health and social care settings: A systematic review of reviews. *PLOS ONE, 13*(10), Article e0204890. https://doi.org/10.1371/journal.pone.0204890.
3. Grawe, K. (1998). *Psychologische Therapie*. Hogrefe.
4. Miller, W. R., & Rollnick, S. (2015). *Motivierende Gesprächsführung* (3. Aufl.). Lambertus.
5. Naar-King, S., & Suarez, M. (2012). *Motivierende Gesprächsführung mit Jugendlichen und jungen Erwachsenen*. Beltz.
6. Rogers, C. R. (1963). The concept of the fully functioning person. *Psychotherapy: Theory, research & practice, 1*(1), 17–26.
7. Rogers, C. R. (2020). *Eine Theorie der Psychotherapie* (3. Aufl.). Ernst Reinhardt.
8. Schulz von Thun, F. (1981). Miteinander reden 1. Störungen und Klärungen. Allgemeine Psychologie der Kommunikation. Rowohlt-Taschenbuch-Verlag.
9. Watzlawick, P., Beavin, J. H., & Jackson, D. D. (2017). *Menschliche Kommunikation: Formen, Störungen, Paradoxien* (13 unveränderte). Hogrefe.

MIX
Papier aus verantwortungsvollen Quellen
Paper from responsible sources
FSC® C105338

If you have any concerns about our products,
you can contact us on
ProductSafety@springernature.com

In case Publisher is established outside the EU,
the EU authorized representative is:
**Springer Nature Customer Service Center GmbH
Europaplatz 3, 69115 Heidelberg, Germany**

Printed by Libri Plureos GmbH
in Hamburg, Germany